고교 영문법 실전

Wicked

마 선일 저

대 치 동 상 위 권 의 비 밀

사 악 한 악 마 의 속 삭 임

킬 러 문 항 의 출 제 원 리

www.rainbowenglish.co.kr

Rainbow English

For the one who became
the first fruit among those asleep

Contents

CHAPTER

1

본동사

Main Verb

1 본동사 VS 준동사

"본동사부터 찾아야 합니다!"

"I being a student." 라는 문장이 틀렸다는 것은 초급 수준의 학생들도 알 수 있습니다. 바로 being 자리에 am이 와야 완전한 문장이 됩니다. 이처럼 하나의 절이 완성되려면 한 개의 본동사가 반드시 있어야 합니다.

진단 테스트 다음 문장에서 틀린 부분을 찾아 낼 수 있다면 이 페이지를 넘어가도 좋습니다.

Organs can begin to fail, tissues change in structure, and the chemical reactions that power the body becoming less efficient.

▶▶ **해설** 150 p

power가 명사인 것 정도는 알고 있지? ㅎㅎㅎ

1-1 본동사로 쓰일 수 있는 것

● be 동사

David <u>is</u> a vegetarian.
David은 채식주의자이다.

● 일반 동사

Janet <u>plays</u> baseball.
Janet은 야구를 한다.

● 조동사 + 동사원형

Janet <u>can play</u> baseball.
Janet은 야구를 할 수 있다.

● 시제 표현

Janet <u>is playing</u> baseball.
Janet은 야구를 하는 중이다.

1-2 본동사로 쓰일 수 없는 것

 부정사

<u>To see</u> is <u>to believe</u>.
보는 것이 믿는 것이다.

 동명사

<u>Playing</u> internet games wastes time.
인터넷 게임을 하는 것은 시간을 낭비한다.

 분사

The girl <u>dancing</u> on the stage belongs to a group.
무대 위에서 춤추는 소녀는 한 그룹 소속이다.

Killer 문항 따라잡기

- 본동사와 준동사가 형태가 겹칠 때가 딱 두 번 있는데 그 때 난이도는 올라갑니다.
- They <u>make</u> me <u>clean</u> the house. (make = 본동사, clean = 원형부정사)
  그들은 나에게 그 집을 청소하도록 시켰다.
- The suggestions <u>made</u> by him <u>made</u> revolution. (made = 과거분사, made = 본동사)
  그에 의해서 만들어진 제안은 혁명을 만들어냈다.

그래서 꼭 해석이 이루어져야 구별할 수 있어요

Why 왜 준동사라고 할까요?

한 학생이 "Developing of talents is important."라는 문장을 썼다가 F학점을 받았습니다.
어디가 잘못 된 걸까요? 바로 '준동사'의 성질을 이해하지 못했기 때문입니다. '준동사'란 '동사의
성질을 그대로 가지고 있으면서 새로운 역할을 하는 말'입니다. 다음과 같이 고쳐야 됩니다.

Developing talents is important. 재능을 개발하는 것이 중요하다.

▶▶ 해설 150 p

Q 본동사에 ✔, 준동사에 ☐ 표시하세요.

01   It is wrong to depend on others entirely.

02   The climbers searched for the fastest route to summit.

03   To complete something requires us to focus.

04   She forgot putting her cellular phone in the drawer.

05   To read many books, he has split his schedule into minutes.

06   The expedition circled around, disoriented by fog.

07   The audience couldn't leave the theater, all of them being impressed by the movie.

08   To live hard, enjoy hard, and help others hard is my life motto.

09   The plane landed on runway, after flying ten minutes.

10   To plan something is one thing; to carry it out is another.

entirely 전적으로 / summit 정상 / require 요구하다 / drawer 서랍 / split 쪼개다 / disoriented 방향을 잃은

② 관계대명사 절의 후치수식

"관계대명사 절 때문에 주어와 본동사가 멀어집니다."

앞 장에서 배운 것처럼 이제 "The man being a professor."는 틀린 문장입니다. 하지만 실제 시험에서는 "The man that sticks to the principle being a professor."처럼 관계대명사 절이 삽입됨으로써 틀린 부분을 쉽게 찾지 못하게 됩니다.

진단 테스트 다음 문장에서 틀린 부분을 찾아 낼 수 있다면 이 페이지를 넘어가도 좋습니다.

Persons who are daring in taking a wholehearted stand for truth often achieving results that surpass their expectations.　　　▶▶ **해설** 150 p

stand는 동사로만 사용되는 거야! 오케이? 즉

1-1 관계대명사 종류

● **who (whose, whom)**

The man who stands over there <u>is</u> my homeroom teacher.
저기에 서있는 사람이 나의 담임선생님이다.

● **which (whose(of which), which)**

The plant whose root spreads through soil <u>is</u> a pine tree.
뿌리가 땅으로 퍼져가는 식물이 소나무이다.

● **that (—, that)**

The animals that hibernate during the winter <u>are</u> polar bears.
겨울 동안에 동면하는 동물이 북극곰이다.

1-2 관계대명사(목적격)의 생략

✿ 사람 뒤(whom)

The man I depended on <u>let</u> me down.
내가 의존했던 사람이 나를 실망시켰다.

✿ 사물 뒤(which)

The goals we pursued <u>were</u> not eternal.
우리가 추구했던 목표들이 영원하진 않았다.

✿ 사람/사물 뒤(that)

The best personality we admire <u>is</u> rounded type.
우리가 감탄하는 최고의 성품은 원만한 유형이다.

Killer 문항 따라잡기

- 관계대명사(목적격)가 생략되면 두 개의 절이 구별 없이 합쳐지게 되어 난이도가 올라갑니다.
- The jewels the model is wearing have been transported from Italy.
  =The jewels which the model is wearing have been transported from Italy.
  그 모델이 착용하고 있는 그 보석들은 이탈리아에서 운반되었다.

> 명사 두 개가 부자연스럽게 이어질 땐 관계대명사의
> 생략을 의심해 봐야 해요.

왜 관계대명사라고 할까요?

관계대명사에서 대명사를 빼면 '관계'가 남죠? 바로 접속사의 역할이 추가된 것입니다. 접속사가 있다면 문장속에 본동사가 2개 있어야 됩니다.

Jobs gave a speech to the graduating students, most of <u>whom</u> being impressed by the eloquence. (X)

➡ Jobs gave a speech to the graduating students, most of <u>whom</u> were impressed by the eloquence. (0)
잡스는 졸업하는 학생들에게 연설을 했고 그들 대부분은 유창한 연설에 감동을 받았다.

Q 관계대명사절에 ☐ 표시하고, 본동사를 찾아 고치세요. ▶▶ 해설 150 p

01 People who suffer from environmental illness having allergies.

02 The thing which is used in economy to be currency.

03 Many Americans who approach retirement wanting to continue working.

04 Anger which is felt in irritable mood lasting longer.

05 All it takes to disorient most people outdoors being a dense mist and a few unplanned turns.

06 The birds which want to stay in warm regions migrates from north.

07 The woman who plans to have professions postponing marriage.

08 The young people who use tanning machine increasing the incidence rate of skin cancer.

09 The people who eat a variety of foods to live longer.

10 The beliefs many people stick to without grounds called superstitions.

---

currency 화폐 / retirement 은퇴 / irritable 짜증나는 / disorient 방향을 잃게 만들다 / migrate 이동하다 / profession 전문 직업 / postpone 연기하다 / incidence 발생 / stick to 집착하다 / superstition 미신

③ 분사의 후치수식

"분사도 뒤에서 주어를 꾸밀 수 있습니다."

앞 장에서 배운 관계대명사 절과 같은 기능을 하는 분사가 있습니다.
역시 본동사는 뒤로 물러나게 되겠지요?

진단 테스트 다음 문장에서 틀린 부분을 찾아 낼 수 있다면 이 페이지를 넘어가도 좋습니다.

The figure of gladiators recalls the ideas of strength and efficiency looked like a perfect fighting machine. ▶▶ 해설 151 p

> 접속사(and) 하나 있고, 양쪽에 본동사 두 개
> (recalls, looked)있으니 정확한데? ㅋㅋㅋ

1-1 현재분사

◉ 진행 [자동사]

The expedition <u>walking</u> through woods <u>was searching</u> for fossils.
숲을 통해 걸어가고 있는 그 탐험대는 화석을 찾고 있었다.

The smoke <u>rising</u> in the sky <u>signals</u> 'enemy coming'.
하늘에 올라가고 있는 연기는 '적이 오고 있음' 을 가리킨다.

◉ 능동 [타동사]

The workers <u>carrying</u> several tools <u>were searching</u> for leaks.
몇 가지 도구를 운반중인 그 일꾼들은 새는 곳을 찾고 있었다.

The monster <u>frightening</u> citizens <u>haunts</u> at midnight.
시민들을 두렵게 만든 그 괴물은 한 밤중에 출몰한다.

1-2 과거분사

● 수동 / 완료

The city <u>destroyed</u> by Tsunami <u>looked</u> desolate.
쓰나미에 의해 파괴된 그 도시는 황량해 보였다.

The citizens <u>frightened</u> by the monster <u>didn't dare</u> to be out.
그 괴물에 의해 겁에 질린 시민들은 감히 밖에 나오려고 하지 않았다.

Killer 문항 따라잡기

• 능동/수동으로 분사를 구분하는 것은 어렵지 않습니다. 문제는 자동사입니다. 자동사는 누군가에게 행동을 가한 것이 아니기 때문에 수동의 개념이 없습니다. 그러므로 자동사의 분사구별은 진행/완료의 기준으로 해야 합니다.
We noticed smoke risen. (X)
We noticed smoke rising. (O) 우리는 연기가 올라가는 것을 보았다.

왜 감정동사는 사랑에겐 과거분사를 쓰나요?

감정동사는 100% 타동사이기 때문입니다. 예를 들면 surprise (놀라게 하다), frighten (두렵게 하다), amaze (대단히 놀라게 하다) 등과 같이 타동사들입니다. 그러므로 사람은 주로 수동 입장에 있게 됩니다.

The news surprised us.
= We were surprised at the news.

EXERCISE

Q 분사에 ☐ 표시하고, 본동사를 찾아 고치세요. ▶▶ 해설 151 p

01 People experiencing huge losses to report feeling worse.

02 The organization made up of several branches being located at Paris.

03 The people irritated by styrofoam being rubbed frowning.

04 The worst drought recorded in Russia destroying crops.

05 The spokesman announcing the agreement refusing to be asked.

06 The storm coming towards woods made by a wizard.

07 The celebration felt around the room spreading to other sections.

08 The economic boom caused by government resulting in inflation.

09 The goods manufactured in other countries imported.

10 The novelist admired by many people copying some sentences from other authors.

huge 거대한 / loss 상실, 죽음 / be made up of ~로 구성되다 / irritate 짜증나게 하다 / styrofoam 스티로폼
/ rub 문지르다 / frown (얼굴을) 찌푸리다 / drought 가뭄 / wizard 마법사 / celebration 축하

4 기타 후치수식

"형용사, 전치사구 도 뒤에서 주어를 꾸밀 수 있습니다."

앞 장에서 관계대명사 절과 분사 등이 주어를 뒤에서 꾸미는 바람에 본동사가 뒤로 밀려나는 경우를 배웠습니다. 후치수식은 꾸며주는 말이 두 단어 이상으로 이루어 졌을 때 일어납니다. 그러면 '형용사 + ∝' '전치사 + 명사' 등도 후치수식이 되어야 합니다.

진단 테스트 다음 문장에서 틀린 부분을 찾아 낼 수 있다면 이 페이지를 넘어가도 좋습니다.

One of the exercises we were given were to make a list of the ten most important events of our lives. ▶▶ **해설** 151 p

「we」가 주어인건 알~쥐? ㅋㅋㅋㅋㅋ

1-1 형용사

전치수식

The <u>rich</u> man is a bookworm.
그 부자는 책벌레이다.

<u>Sensitive</u> senses are needed in emergency.
긴급 상황에는 민감한 감각이 요구된다.

후치수식

The man <u>rich in humor</u> attracts many women.
유머가 풍부한 그 남자는 많은 여성들을 매료시킨다.

Those <u>sensitive to criticism</u> should be addressed carefully.
비판에 민감한 자들에게는 신중하게 접근해야 한다.

1-2 전치사 + 명사

◉ 한 단어 전치사

Most of the students <u>in the classroom</u> major in English.
그 교실에 있는 대부분의 학생들은 영어를 전공한다.

◉ 두 단어 전치사

The building <u>next to city hall</u> is natural history museum.
시청 옆에 있는 건물은 자연사 박물관이다.

◉ 세 단어 전치사

Chinese <u>in addition to English</u> is required in trade.
영어 이외에도 중국어도 무역에서 요구된다.

Killer 문항 따라잡기

• 후치수식이 하나 붙는 것은 어렵지 않습니다. 2개 이상 결합되면서 난이도를 끌어올리게 됩니다.

Some are borrowed from neighboring tribes.
Some of the songs are borrowed from neighboring tribes.
Some of the songs the members recited are borrowed from neighboring tribes.

> 명사 두 개가 부자연스럽게 이어질 땐 관계대명사
> (목적격)의 생략을 의심해 봐야 해요.

 왜 후치수식이 일어날까요?

한 학생이 후치수식이 2단어 이상의 수식어일 때 뒤에서 꾸미게 된다는 것을 배우고 혼란스러웠습니다.

→ I know a <u>rich, tall, and humorous</u> man. 나는 부유하고 키 크고 재미있는 남자를 알아.

분명히 2단어 이상의 수식어인데 man 앞에서 꾸미고 있기 때문이죠. 하지만 자세히 살펴보면 'rich'와 'tall' 또는 'humorous'가 서로 전혀 관련이 없는 상태라는 것을 알 수 있죠. 이것은 독립된 수식어 3개를 병렬로 연결한 것이죠. 다음 문장을 보면 그 사실을 한 눈에 알 수 있습니다.

→ I know a man <u>rich in humor</u>. 나는 유머가 풍부한 남자를 알아.

Q 후치수식에 □ 표시하고, 본동사를 찾아 고치세요.　　　▶▶ 해설 151 p

01　One of the greatest benefits of club activity being meeting new people.

02　The most primitive part of brain to be brainstem around spinal cord.

03　The inhabiting areas close to the river being flooded frequently.

04　This, in addition to other methods to reduce uneaten food, having helped aquaculture to clean up its waste.

05　One in four toilets sold today being still water-wasting model.

06　As the number of cells in your body becoming greater, you grow bigger.

07　'Morgan park' far away from the city being a great place to see sunset.

08　The screws of the doorknob in the bathroom to be loose.

09　The lights just below the first step of ascending stairs is placed there to guide careless escalator passengers.

10　The union in harmony with management placing more importance on productivity.

primitive 원시의, 초기의 / spinal cord 척수 / inhabit 거주하다 / aquaculture 양식업 / doorknob 손잡이 / ascend 올라가다 / union 노동조합 (=labor union) / magagement 경영진 / productivity 생산성

01   Everything we are afraid to try, all our unfulfilled dreams, [constituting / constitutes] a limitation on what we are and could become.

02   When Parliament decided, in 1709, to create a law that would protect books from piracy, the London-based publishers and booksellers who had been pushing for such protection [was / were] overjoyed.

03   The dictionary defines compassion as a "deep awareness of the suffering of another coupled with the wish to relieve it," but the only way we can gain a deep awareness of the suffering of others [is / are] by having suffered ourselves.

04   Creativity expert Michael Michalko writes on his blog at Psychology Today that the most important thing students should be taught [to be / is] that everyone "is born a creative, spontaneous thinker."

05   The knowledge of economists who study stock prices, interest rates, market dynamics, and so on often [become / becomes] obsolete in a few days or even a few hours.

06   The skull, dating back perhaps 2,500 years, was among many human bones [piling / piled] inside several burial caves.

07   A general lack of knowledge and insufficient care being taken when fish pens were initially constructed [meant / meaning] that pollution from excess feed and fish waste created huge barren underwater deserts.

08   One more thing you need to do is to join a club [devotes / devoted] to mathematics.

---

constitute 구성하다 / parliament 의회 / compassion 측은히 여김 / spontaneous 자발적인 / obsolete 더 이상 쓸모가 없는 / skull 두개골 / barren 불모의, 농작물이 나지 않는

09 The most critical contribution democratic theory and practice can make to people [is / are] the restoration of a sense of self.

10 A measurement system is objective to the extent that two observers [evaluate / evaluating] the same performance arrive at the same measurements.

11 In fact, everything that people post [is / being] automatically licensed to E-World for its transferable use, distribution, or public display.

12 A gate blocks the excited bulls from a group of nervous runners, each of them [was dressed / dressed] in spotless white clothes with a red handkerchief carefully tied at the neck.

13 I feel strongly that the confidence that comes from knowing you are able to express yourself with clarity and ease [extending / extends] into all areas of your life and makes you more proud and complete.

14 Everyone praised Columbus for his achievement but one man in the party, jealous of Columbus, [remarked / was remarked] that what Columbus did was not a great achievement but a fortunate accident.

15 They found people who dream about a new task [perform / to perform] it better on waking than those who don't sleep or dream.

16 Professor Millar said, "What we need now is an investor to enable us to bring this device
①   ②
to as many dental surgeries as possible and help people whose fear of visiting the dentist stop
                                                                                      ③   ④
them from seeking the oral healthcare they need.

restoration 회복 / extent 범위, 정도 / spotless 얼룩 없는 / clarity 명쾌함 / surgery 외과수술 /

17 A study of New York City's <u>pioneering</u> law on <u>posting</u> calories in restaurant chains <u>suggests</u>
                                           ①   ②   ③

that when it comes to <u>decide</u> what to order, people's stomachs are more powerful than their
                ④

brains.

18 The idea <u>that</u> many workers <u>reaching</u> their mid and late 60s think they are too young to retire
         ①   ②

and may have no choice but <u>to keep</u> working <u>are</u> not particularly new.
                ③   ④

19 They also say that among the electric dryers, the model <u>in which</u> rapidly <u>strips</u> the moisture
                                          ①   ②

off hands <u>is</u> best for reducing the transfer of bacteria to other <u>surfaces</u>.
        ③   ④

20 The distance from the longest fingertip <u>to</u> the longest fingertip of your <u>outstretched</u> arms <u>is</u>
                           ①   ②   ③

the same <u>like</u> your height.
      ④

21 He wrote, "As an animal <u>passed</u> by leaves <u>crushed</u> grass and footprints, a human <u>occupying</u>
                 ①   ②   ③

a room for one night <u>prints</u> his character, his recent history, and even his future plans.
            ④

22 Conversely, students who <u>accept</u> that they're not creative <u>developing</u> mental blocks that <u>keep</u>
                ①   ②   ③

them from trying or <u>attempting</u> anything new.
      ④

---

strip 벗기다 / outstretch 펴다 / crush 으깨다

23 Indeed, many small mammals <u>living</u> in cold climates, who lose heat easily by <u>having</u> an
  ①   ②
unfavorable surface area to body weight ratio, <u>tending</u> to sleep a lot, often in <u>insulating</u>
  ③   ④
burrows.

24 If parents <u>keep</u> their children at home, they can develop socialization skills by encouraging
  ①
the kids <u>to do</u> volunteer work at an NGO <u>where</u> they can meet other young people <u>engage</u>
  ②   ③   ④
in community service.

25 As long as they kept on their course and <u>made</u> sure that the Sun or the North Star <u>remaining</u>
  ①   ②
at the same angle in the sky when they <u>reached</u> their highest point, mariners could be pretty
  ③
sure they were traveling <u>due</u> east or due west.
  ④

▶▶ **해설** 152 p.

insulate 격리시키다 / engage in 참여하다 / due east 정확히 동쪽으로

CHAPTER

2

주어

Subject

① 가주어 & 가목적어

주어가 길 때 뒤로 보낼 수 있습니다!"

"To succeed in this rapidly changing society is difficult."에서 주어는 무려 7단어로 구성된 부정사입니다. 틀린 문장은 아니지만 좀 더 간결함을 위하여 가주어를 이용하여 주어를 문장 뒤로 보내줄 수 있습니다.

진단 테스트 다음 문장에서 틀린 부분을 찾아 낼 수 있다면 이 페이지를 넘어가도 좋습니다.

By now you can see how important it is identify your competitive edges when you start your business.　　　　　▶▶ **해설** 156 p

1-1 진주어로 쓰일 수 있는 것

⊙ 부정사

It is important to visualize your goal.
여러분의 목표를 시각화 하는 것은 중요하다.

⊙ 동명사

It is no use crying over spilt milk.
엎질러진 우유에 대해 울어봤자 소용없다.

⊙ that 절

It is essential that students repeat the material more than five times.
학생들이 자료를 5번 이상 반복하는 것이 필수적이다.

⊙ whether 절

It is not certain whether global warming will be stopped.
지구 온난화가 중단될 지는 확실하지 않다.

1-2 진목적어로 쓰일 수 있는 것

○ 부정사

I found it hard to read the classics.
나는 고전작품을 읽는 것이 어렵다는 것을 알았다.

○ that 절

The teacher found it impossible that students master math in a year.
그 교사는 학생들이 일 년에 수학을 정복하는 것은 불가능하다는 것을 알았다.

○ what 절

I think it shameful what he has done.
나는 그가 행한 것이 수치스럽다고 생각한다.

목적어가 길면 가목적어를 써야 할까요?

그렇지 않습니다. 5형식에서 목적어가 길다고 무조건 가목적어를 쓰는 것은 아닙니다.

The Internet made possible the access to information. 인터넷은 정보에 대한 접근을 가능하게 만들었다.
위 문장은 목적어가 긴 편이지만 [the access to information] 가목적어를 쓰지 않습니다. 대신 목적보어와 자리를 바꾸기만 했죠. 가목적어는 반드시 목적어가 부정사 / that 절이어야 사용할 수 있습니다.

EXERCISE

Q 진주어 / 진목적어에 ☐ 표시하고, 틀린 부분을 찾아 고치세요.　▶▶ 해설 156 p

01　Showing examples and telling about how powerful that was to observe carefully, I moved behind my desk and concluded the lesson from there.

02　Obviously, one is ideal to have no conflict with those around us.

03　It is not easy of us to show courage in the face of either opposition or indifference.

04　It discovered that the clock had actually struck thirteen times at midnight on the very night that the soldier was supposed to have slept on duty.

05　In the absence of statistics, it is not possible to guessing the average life expectancy of a Roman at birth.

06　Try as they might, they find it difficultly to control their negative thoughts.

07　Too much homework makes that difficult for children to engage in voluntary activities.

08　People with the condition find it easily to interpret large images or scenes, but struggle to "spot the difference" in fine detail.

---

obviously 분명히 / conflict 갈등 / indifference 무관심 / statistics 통계 / expectancy 기대치
/ engage in 열중하다

2 도치

"도치는 강조이다!"

정상적인 어순에 변화를 주는 것은 모두 '도치' 에 해당됩니다. 멋지게 보이기 위해서가 아닙니다. 문장 앞으로 나오는 단어에 강조를 하기위해 '도치' 를 이용합니다.

진단 테스트 다음 문장에서 틀린 부분을 찾아 낼 수 있다면 이 페이지를 넘어가도 좋습니다.

Underneath this surface level of apparent behavior lies powerful rules that must be followed for society to work at all. ▶▶ **해설** 156 p

> 딱 봐도 『level』 이 주어네~~

1-1 도치의 원리

⑦ Be 동사 / 조동사

A: I am an MIT student.

　　나는 MIT 학생이다.

B: So <u>am</u> I.

　　나도 MIT 학생이다.

Never <u>have</u> I heard such a thing.

나는 결코 그런 일을 들어 본적이 없다.

⑦ 일반 동사 (일반)

A: I play golf.

　　나는 골프를 친다.

B: So <u>do</u> I.

　　나도 골프를 친다.

Little <u>did</u> I realize coming danger.

나는 다가오는 위험을 거의 깨닫지 못했다.

> "장소의 부사구가 나오고," 위치(존재)하다 "[stand, lie, sit......]의 동사는 "do를 이용하지 않아요."

일반 동사 (예외)

On the hill <u>stands</u> a modest house.
언덕위에 아담한 집이 서있다.

Below the surface <u>lie</u> bacteria. (단수형: bacterium)
표면아래에 박테리아가 놓여있다.

1-2 도치의 발생

부사(구)

<u>There</u> is a man in the island.
그 섬에 한 사람이 있다.

<u>Rarely</u> did I see such a phenomenon.
나는 그런 현상을 좀처럼 보지 못했다.

강조

<u>Only then</u> did he realize he made a mistake.
그때가 되어서야 그는 실수 한 것을 깨달았다.

<u>Only when we lose our health</u> do we realize its value.
우리가 건강을 잃어서야 그 가치를 깨닫는다.

<u>Not until we lose our health</u> do we realize its value.
우리가 건강을 잃어서야 그 가치를 깨닫는다.

Why **도치는 무조건 주어와 동사가 뒤바뀔까요?**

그렇지 않습니다. 주어와 동사가 본래의 어순을 유지하는 도치도 있습니다. 결국 '도치'는 정상어순이 파괴된 상태를 가리킵니다.

<u>What he wanted</u> he accomplished in any way.　그가 원하는 것을 그는 어떤 식이던지 성취했다.
　　　　O

<u>Young</u> as she was, she had wisdom.　비록 그녀는 젊었지만, 지혜를 지녔다.
　C

Q 도치 유발 표현에 ☐ 표시하고, 틀린 부분을 고치세요.　　　▶▶ 해설 156 p

01　There is, of course, stories of Romans living to an older age.

02　Frustrating as he was, he refused to give up.

03　Rarely are a computer more sensitive and accurate than a human in managing the same geographical or environmental factors.

04　Not only does being late reflects poorly on your character, but it also creates scheduling problems for interviewers.

05　Inside the shell is the oyster's mouth, heart, and stomach.

06　At the top of the list of baffling terms stand the word "time."

07　Not only do their excavation from the ground significantly alter the environment, but their combustion also leads to a great deal of air pollution.

08　As the animals become more and more scarce, so do the hunters' potential for any further income.

09　So suggests a study from 2010 that was investigated if physically attractive women were judged more in line with their unique, self-reported traits.

---

frustrate 좌절시키다 / sensitive 민감한 / accurate 정확한 / geographical 지리학의 / reflect poorly on 나쁘게 드러내다 / oyster 굴 / baffling 당황하게 하는 / excavation 발굴 / significantly 현저하게 / alter 바꾸다 / combustion 연소 / scarce 결핍한

3 분사구문

"분사구문도 주어의 영역이다!"

분사구문은 많은 오답을 일으키는 대표적인 유형입니다. 그 이유는 분사구문 앞에 생략된 주어를 찾아내지 못하기 때문입니다. 당연히 주어가 열쇠입니다.

진단 테스트 다음 문장에서 틀린 부분을 찾아 낼 수 있다면 이 페이지를 넘어가도 좋습니다.

The gas then goes to two 300 kilowatt fuel cells, creates enough power to reduce this company's electric bill by $700,000 a year. ▶▶ **해설** 157 p

> 「goes」와 「creates」가 정확히 일치하는 군^^
> ㅋㅋㅋㅋㅋㅋㅋㅋㅋㅋ

1-1 분사구문의 종류

● 현재분사 구문 (능동)

<u>Leaving</u> my hometown, I felt gloomy.
고향을 떠나면서 우울해졌다.

The sun <u>having risen</u>, the members were still sleeping.
해가 떴으나 멤버들은 아직 자고 있었다.

● 과거분사 구문 (수동)

(Being) <u>Left</u> alone, I went astray.
홀로 남겨져서 방향을 잃었다.

(Being) Badly <u>wounded</u>, the horse lay down on battlefield.
심하게 부상을 당해서 그 말은 전쟁터에 누워있었다.

1-2 분사구문의 위치

● 주절 앞

<u>Considered the best athlete</u>, Babe got struck-out most.
최고의 선수로 여겨지지만 Babe는 가장 많이 삼진을 당했다.

◉ 주절 뒤

The KTX departed from Seoul, <u>arriving at Busan three hours later</u>.
KTX는 서울을 출발하여 3시간후에 부산에 도착했다.

◉ 주절 사이

MERS, <u>originating from middle east</u>, spread throughout the country.
중동에서 기원한 MERS는 그 나라 전역에 퍼졌다.

1-3 묘사적 표현

Sailors couldn't stand still, as the boat shook so hard.
Sailors couldn't stand still, the boat shaking so hard.
Sailors couldn't stand still, <u>with</u> the boat shaking so hard.
배가 그처럼 세게 흔들려서 선원들은 가만히 서있을 수 없었다.

John couldn't write well, as his fingers were bandaged.
John couldn't write well, his fingers bandaged.
John couldn't write well, <u>with</u> his fingers bandaged.
존은 그의 손가락이 붕대로 감겨있어서 글씨를 잘 쓸 수 없었다.

이제 『S + V..., V.....』 의 구조는 무조건 틀린 것임을 알았죠?
뒤 쪽이 『현재분사』 나 『과거분사』 로 바뀌어야 해요.

 분사구문 앞에는 접속사가 무조건 생략되나요?

그렇지 않습니다. 접속사의 의미를 강조하고 싶을 땐, 생략되었던 접속사를 다시 살려주기도 합니다.

Asked what he wanted to be, he just shook his head.
When asked what he wanted to be, he just shook his head.
그가 무엇이 되기를 원하는지 질문을 받았을 때 그는 그냥 고개를 흔들었다.
이 구조는 형태상 "주어+be" 생략과 같게 보인다.

Though [he was] staying in a foreign country, he called me everyday.
비록 그는 외국에서 체류하고 있었지만 매일 나에게 전화했다.

Q 분사구문에 ☐ 표시하고, 틀린 부분을 고치세요. ▶▶ 해설 157 p

01 Recently, a severe disease hit Asian nations hard, caused several hundred deaths.

02 Pollution and fossil fuels have given us global warming, resulted in extreme weathers.

03 More than sixty percent of the users post their personal photos, as many as two million pictures a day, make E-World the top photo website in the country.

04 Situating at an elevation of 1,350m, the city of Kathmandu, which looks out on the sparkling Himalayas, enjoys a warm climate year-round.

05 Received favors, the horse lived a happy life for fifteen years.

06 They display a wide range of different products, includes ready-made meals alongside fresh food.

07 In 1885, a rubber tire company decided to try black tires, thought that they might not show dirt.

08 Assumed that all Jews had gold and money, the gang went to the house and demanded that the women turn over what they had, but they had nothing.

---

severe 심한 / extreme 극단적인 / post 게시하다 / situate ~의 위치를 정하다 / elevation 고도 / sparkle 반짝이다
/ a range of 광범위한 / assume 가정하다, 떠맡다

④ 수일치 [고급]

"보이는 것이 다는 아니다!"

본동사 편에서 기본적인 수일치는 공부했습니다. 이번에는 눈에 보이는 대로 선택하면 틀릴 수밖에 없는 반전의 수일치를 학습합니다.

진단 테스트 다음 문장에서 틀린 부분을 찾아 낼 수 있다면 이 페이지를 넘어가도 좋습니다.

With the outbreak of World War II, radar became one of the most significant technologies used to defeat the German forces, which are ironic, considering the German military administration rejected the first radar devices created by German scientists.

▶▶ **해설** 157 p

선행사가 딱 봐도 「forces」 구먼..... ㅋㅋㅋ

1-1 분사 VS. 동명사

◉ 현재분사

Waiting people are reading newspapers.

기다리는 사람들이 신문을 읽고 있다.

◉ 동명사

Waiting for people is boring.

사람들을 기다리는 것은 지루하다.

1-2 관계대명사 [which]

◉ 구

My pastime is to exchange books, which demands strategy.

나의 오락거리는 책을 교환하는 것인데, 그것은 전략을 요구한다.

◉ 절

I usually say nothing, which makes her angry.

나는 보통 아무 말도 하지 않는데, 그것이 그녀를 화나게 만든다.

1-3 기타

○ A or B

Booking a ticket online or <u>visiting in person</u> is needed.
티켓을 온라인으로 예약하기 혹은 직접 방문하기 중 하나가 요구된다.

○ 절

<u>What we believe we are</u> is our identity.
우리가 무엇인지 믿고 있는 것이 우리의 정체성이다.

○ 일부분

Two-thirds of <u>the land</u> was cultivated.
그 땅의 3분의 2는 경작되었다.

- 콤마(,)와 함께 나오는 관계대명사 which는 앞 절 전체(단수취급)를 선행사로 받는 경우가 많습니다. 그러나 바로 앞에 복수명사를 위치시킴으로써 복수동사로 유도하면서 난이도가 높아집니다.

  She gathered support from many congressmen, which were evidence of her competence.
  (X, were → was)
  그녀는 많은 국회의원으로부터 후원을 모았는데 이는 그녀의 능력의 증거이다.

정확한 해석을 해야 선행사를 구별할 수 있어요

 관계대명사 앞에 콤마(,)하나가 차이가 큰가요?

미국의 한 여배우가 신문기자와 인터뷰를 하던 중, 자신의 서민적인 취향을 강조하려고 다음과 같이 얘기했습니다.

"I will wear no clothes which will distinguish me from others."
"나를 타인들과 구별시켜줄 수 있는 옷은 입지 않는다."

그런데, 그 기자가 원고를 쓰다가 실수로 콤마 하나를 삽입하고 말았습니다.

"I will wear no clothes, which will distinguish me from others."
"나는 옷을 입지 않을 것이고 그것이 나를 타인들로부터 구별시켜 줄 것이다."

Q 주어에 ☐ 표시하고, 틀린 부분을 고치세요.　　　　▶▶ 해설 157 p

01　One of the first things the Russians requested from the orbiting U.S. astronauts were their pressurized pen.

02　I loved chickens, which were why I wanted some of our own.

「chickens」가 선행사니까 복수 취급해야 겠~지? ㅎㅎㅎ

03　For them, speaking up in class or asking questions of authority figures produce great anxiety.

04　Here are two things you may have heard about bad breath that is not true.

05　Extending the bounds of music beyond the restrictive formality of Classicism were the prime function of the musical period known as Romanticism.

06　Children need the time just to be kids, which, though seemingly trivial from an adult's point of view, are very necessary to their development.

07　There is a deep cavern on the island, containing the bones and arms of the Indians, who, it is supposed, was buried there.

08　You're the first of my patients that have ever given me a lecture on law.

orbit (궤도를) 돌다 / astronaut 우주 비행사 / authority 권위 / figure 저명인사 / extend 연장하다 / bound 경계 / restrictive 제한적인 / trivial 사소한 / cavern 동굴

01 Jason Shelton, vice-president of marketing for Sonitus Medical, the US-based company that has developed the device explains, "Unlike other devices for hearing loss that [use / uses] air conduction to transmit sound, our device uses a principle called bone conduction."

02 The examiner isn't going to make your life easy as he wants to test your deep knowledge of the subjects, which [mean / means] that at least three choices will be somewhat right.

03 Don Quixote is one of his masterpieces, which [make / makes] fun of chivalry and gives a keen description of various types of Spanish characters, from noblemen to coachmen.

04 Prior to World War II, less than one-fifth of the U.S. population lived in the suburbs, residential areas surrounding cities, [which / they] expanded urban lifestyles into previously rural areas.

05 If you believe education is fundamental to all people and that what we do as individuals in our society depends on the education we receive, then [ensure / ensuring] that education covers the main issues of importance is crucial.

06 Although there are tons of creams and other skin products on the market that [claims / claim] to remove wrinkles, the truth is that most are ineffective and often costly.

07 In the back seat of the car next to mine [was / were] two sweet little boys.

08 The FBI's crime-data include only eight types of criminal behavior, which [mean / means] that most white-collar crimes and drug crimes are excluded.

09 Fifteen countries have capital punishment, but only enforce it during war time, while twenty-one countries, despite officially [retain / retaining] the death penalty, never enforce it.

conduction (열, 전기 등의) 전도 / chivalry (중세의) 기사도 / crucial 결정적인 / capital punishment 사형

10 Potato bread is delicious, and so is potato soup. Potato pancakes taste good, and so [do / are] potato candies.

11 A friend of mine admits he's not computer literate, so [attendance / attending] a one-day, new-software training session was not something he looked forward to.

12 You may find [it relaxing / relaxing] to have a phone conversation with a particular person before going to bed.

13 Situated at an elevation of 1,350m, the city of Kathmandu, which looks out on the sparkling Himalayas, enjoys a warm climate year-round that makes [living / to live] here pleasant.

14 As technology and the Internet are a familiar resource for young people, it is logical <u>that</u> they
                                                                                                       ①

would seek assistance from this source. This has been shown by the increase in websites

that <u>provide</u> therapeutic information for young people. A number of 'youth friendly' mental
     ②

health websites <u>have</u> been developed. The information presented often <u>taking</u> the form of
                  ③   ④

Frequently Asked Questions, fact sheets and suggested links.

15 Successful people have simply learned the value of staying in the game until it <u>is won</u>. Those
                                                                                     ①

who never make it <u>are</u> the ones who quit too soon. When things are darkest, successful
                           ②

people refuse <u>to give</u> up because they know they're almost there. Things often seem at
                             ③

<u>its</u> worst just before they get better.
①
  ④

16 You find out <u>too</u> late that your car cannot carry as much as you thought it could. So, it takes
             ①

you far more trips to your new home than you thought it would. There is also the possibility

of <u>damage</u> your stuff, some of it valuable. All these things <u>considered</u>, it might be better
    ②   ③

<u>to ask for</u> the services of a moving company.
    ④

17 So imprudent <u>are we</u> that we wander about in times that are not ours and do not think of
            ①

the one that <u>belongs</u> to us. We try to support the present with the future and <u>think</u> of
        ②   ③

arranging things we cannot control, for a time we have no certainty of reaching. Examine

your thoughts, and you will find them wholly <u>to occupy</u> with the past or the future.
                                        ④

18 It's important to people that they feel valid, important, and <u>respected</u>. Just as saying sorry
                                     ①

matters, so does <u>remember</u> to thank those who <u>help</u> you move forward. And I think it's much
         ②   ③

nicer <u>to send</u> along a physical card than an email.
     ④

19 Once he filled a fishbowl with marbles, asked the students <u>to guess</u> how many marbles there
                                 ①

were, and <u>awarded</u> a free lunch to the winner. Another time they <u>entered</u> a contest to guess
    ②   ③

how many soda cans the back of a pickup truck <u>was held</u>.
                           ④

---

stuff 물건 / imprudent 경솔한 / marble 대리석

20 Uncle Jack gave a lengthy speech about <u>how</u> Mary was like a daughter to him and to Aunt
①

Barbara. And then, he handed her an envelope in <u>which</u> was tucked a fifty-dollar bill. Mary
②

「in which」 뒤에 어케 주어가 없어?!!!
말도 안 되지........ㅎㅎ

was to buy <u>herself</u> some new clothes with Aunt Barbara's help and advice. A miracle! So
③

many presents all at once made her eyes <u>shone</u>.
④

▶▶ 해설 158 p.

CHAPTER

3

접속사

Conjunction

① 병렬구조

"해석을 해야 한다!"

해석하지 않고 감각으로 풀다가 망하는 유형이 병렬(평행)구조입니다. 전체 단락은 아니어도 그 문장 정도는 읽어주는 센스가 필요합니다.

진단 테스트 다음 문장에서 알맞은 것을 찾아 낼 수 있다면 이 페이지를 넘어가도 좋습니다.

I was impressed at its efforts to keep nature and (join / joined) it.

▶▶ 해설 162 p

『keep』하고 『join』하고 완벽한 커플 ♧우

1-1 형태 < 기능

● **명사 ≒ 대명사**

We and some other foreigners joined the party.
우리와 몇몇 다른 외국인들이 그 파티에 합류했다.

● **분사 ≒ 형용사**

I felt proud, important, and respected.
나는 자랑스럽고 중요하고 존중 받음을 느꼈다.

● **부사 ≒ 부사구**

The toys are sold at home and abroad.
그 장난감들은 국내와 해외에서 팔린다.

● **형용사 ≒ 형용사구**

His presentation was sharp and to the point.
그의 발표는 날카롭고 요점을 찌르는 것이었다.

1-2 고난이도 병렬구조

 부사 이동

By <u>avoiding</u> parties and [totally] <u>depending</u> on reading, he upgraded his creations.
파티를 피하고 독서에 완전히 의존함으로써 그는 그의 창조물을 업그레이드시켰다.

 부사구 이동

<u>It rained heavily last night</u> and [as a result] <u>the field was flooded</u>.
어젯밤 비가 심하게 내렸고 결과적으로 들판이 범람했다.

 비교 구문

<u>The population of China</u> is much larger than <u>that of Japan</u>.
중국의 인구는 일본보다 훨씬 더 많다.

<u>Our morality</u> is superior to <u>theirs</u>.
우리의 도덕성은 그들보다 우월하다.

Killer 문항 따라잡기

- 평범한 단어는 출제되지 않습니다. 허를 찌르는 단어를 이용하면 난이도가 올라갑니다. 보통 "-ly" 의 형태는 부사로 생각합니다. 그러나 "명사"에 "-ly"가 붙으면 형용사가 됩니다.

The pace of the game is therefore <u>leisurely</u> and <u>unhurriedly</u>. (X, unhurriedly → unhurried)
그 경기의 속도는 그러므로 한가롭고 서두르지 않습니다.

보이는 대로 풀면 망해요. 꼼꼼하게 해석을 하세요.

 Why 형용사 두 개가 접속사 없이 연결될 수 있나요?

가능합니다. 형용사가 앞에서 명사를 꾸밀 때 단순히 콤마(,)로 연결될 수 있습니다.

I met an honest, brave warrior. [O]
I met an honest and brave warrior. [O]   나는 정직하고 용감한 전사를 만났다.

부사와의 구별도 조심해야 합니다.

This is an <u>extremely</u> strange phenomenon.   이것은 극도로 이상한 현상이다.
This is an <u>extreme</u> strange phenomenon.   이것은 극단적이고 이상한 현상이다.

Q 등위접속사에 △ 표시하고, 틀린 부분을 고치세요.   ▶▶ 해설 162 p

01 The lack of sleep upsets our hormone balance and cause the decrease in leptin.

02 She took a course in nursing and becoming superintendent of a London hospital.

해석은 무슨 얼어 죽을..... ㅎ 기냥 눈으로 풀어버려!

03 By living temporarily with Mike's parents and drastically cut their leisure expenses, they could save a large amount of money.

04 Instead, to have a real adventure, set out by yourself or with a friend and to explore something new.

05 We all have unique talents that were created and give to us to be shared.

06 The purser accepted the responsibility for the valuables and remarking, "It's all right. I'll be very glad to take care of them for you."

07 Research indicates regular exercise facilitates the generation of new brain cells and have positive influences on areas responsible for learning and memory.

08 Recent research is helping to clarify the important role that self-esteem plays in our ability to take risks, learn new skills, deal with others fairly and benevolently, and is productive and assertive.

---

upset 완전히 어지럽히다 / superintendent 관리자 / temporarily 일시적으로 / valuables 귀중품 / facilitate 촉진하다 / generation 발생, 세대 / clarify 깨끗하게 하다 / assertive 자신감이 넘치는

2 이끄는 절 [완전 vs. 불완전]

"뒤를 봐야 합니다!"

이끄는 절만 파악해도 접속사[관계사] 문제의 80% 이상을 맞출 수 있습니다. 접속사[관계사] 문제는 항상 뒤부터 봅니다.

진단 테스트 다음 문장에서 알맞은 것을 찾아 낼 수 있다면 이 페이지를 넘어가도 좋습니다.

[Whatever / Whether] you wear torn jeans or like to recite poetry, by doing so you make a statement of belonging to a group of people.

▶▶ 해설 162 p

1-1 이끄는 절이 불완전

◉ 관계대명사 [주격 / 목적격]

This is the part-timer <u>who</u> ● insists on his raise.
이 사람이 월급 인상을 주장하는 시간제 직원이다.

This is the part-timer <u>whom</u> the employer admires ●.
이 사람이 고용주가 감탄하는 시간제 직원이다.

Kepler 452-b is the planet <u>which</u> ● resembles the earth.
케플러 452 b는 지구를 닮은 행성이다.

Tomatoes are the vegetable <u>which</u> humans benefit from ●.
토마토는 인간이 혜택을 받는 야채이다.

1-2 이끄는 절이 완전

◉ 관계부사

This is the museum <u>where</u> Mona Lisa is exhibited.
이것이 모나리자가 전시되어 있는 박물관이다.

◉ 접속사

The assumption <u>that surroundings determine man's success</u> is absurd.
환경이 사람의 성공을 결정짓는 다는 가정은 터무니없다.

<u>Whether we will camp on the summit or not</u> depends on weather.
우리가 정상에서 야영을 할지 아닌지는 날씨에 달려있다.

● 전치사 + 관계대명사

The way in which creativity occurs has been revealed.
창조성이 발생하는 방식이 드러났다.

● 소유격 관계대명사

The college whose robot won the first prize is KAIST.
로봇이 우승한 대학은 카이스트이다.

- 전치사가 관계대명사 앞으로 이동하면 뒷부분은 완전해 보입니다. 그런데 『주어 + 동사』를 『동사 + 주어』로 도치시키면 불완전한 것 같은 착시가 일어납니다.

He handed her an envelop in which a fifty dollar bill was tucked. (O)
He handed her an envelop in which was tucked a fifty dollar bill. (O)
그는 50달러 지폐가 들어있는 봉투를 그녀에게 건넸다.

 의문대명사와 관계대명사는 별 차이가 없나요?

그렇습니다. 둘 다 대명사로 쓰임은 물론이고 접속사 역할까지 하기에 이어지는 절에서 차이는 없고 해석상의 차이만 있습니다.

I don't know who ● said so. 나는 누가 그렇게 말했는지 모른다. [의문대명사]
I don't know the man who ● said so. 나는 그렇게 말한 사람을 모른다. [관계대명사]

관계부사와 의문부사도 해석상의 차이이외에는 구조는 같습니다.

I wonder where [she has gone]. 완전
나는 그녀가 어디로 갔는지 궁금하다. [의문대명사]
I found out the place where [lost dogs were raised]. 완전
나는 길 잃은 개들이 길러지는 장소를 발견했다. [관계대명사]

Q 밑줄 친 부분이 완전한지 선택하고, 틀린 곳을 고치세요.　　　▶▶ 해설 162 p

01　They also added what they would be able to figure out how much of a risk the ash would be for aircraft engines.　[완전 / 불완전]

02　Then she would return to her cabin, which she stayed crying and trembling until the ship arrived in Oslo harbor the next day. [완전 / 불완전]

03　Pierre de Fermat, who 'last theorem' puzzled mathematicians for centuries, was a lawyer.　[완전 / 불완전]

04　He judged by the sound which the fall was a mere slip and could not have hurt Meredith.　[완전 / 불완전]

05　Although kid today is an accepted English- language word that describes a child, it was once considered slang because it came from the word which meaning was — and is — a young goat.　[완전 / 불완전]

06　They all had to answer questions about what they thought of their own driving skills.　[완전 / 불완전]

07　Would you be a sweetheart and go and see what you can get it started for me?　[완전 / 불완전]

08　Some people believe that Atlantis was a powerful nation that people became so corrupted by greed that Zeus destroyed it.　[완전 / 불완전]

---

figure out 알아내다 / tremble 떨다 / slip 미끄러짐 / corrupt 타락시키다 / greed 탐욕

3 관계 대명사[고급]

"종류는 앞을! 격은 뒤를!"

관계대명사의 종류는 접속사 출제 1위입니다. 종류는 앞에 있는 선행사를, 격은 뒤에 이어지는 절에서 빠진 부분을 채워 주면 됩니다.

진단 테스트 다음 문장에서 틀린 것을 찾아 낼 수 있다면 이 페이지를 넘어가도 좋습니다.

The skillful mechanic has been replaced by a teenager in a uniform which doesn't know anything about cars and couldn't care less.　▶▶ **해설** 163 p

선행사가 『uniform』이냐~~ ㅎ

1-1 관계 대명사 종류

○ 선행사와 관계대명사 멀어짐

He is <u>the first</u> of the physicists <u>that</u> visualizes his goals.
그는 물리학자중 그의 목표를 시각화한 최초이다.

Math is <u>the subject</u> many students hate <u>which</u> leads to high level of thinking.
수학은 많은 학생들이 싫어하지만 높은 사고 수준으로 이끄는 과목이다.

○ 선행사 없음

The sun will be doing ● a billion years later <u>what</u> it is doing ● now.
태양은 지금 하고 있는 것을 10억년 후에도 하고 있을 것이다.

● <u>What</u> ● is discussed in the meeting should be documented.
회의에서 토론된 것은 서류화되어야 한다.

1-2 관계 대명사 격

○ [주어+생각 동사] 삽입

Mother Teresa was the woman <u>who</u> [we believe] ● was an angel.
테레사 수녀는 우리가 천사라고 믿었던 여성이다.

Mother Teresa was the woman <u>whom</u> we believed ● to be an angel.
테레사 수녀는 우리가 천사라고 믿었던 여성이다.

ⓘ 소유격

We visited the palace <u>whose</u> fancy style fascinated us.
우리는 그 화려한 스타일이 우리를 매혹시켰던 궁전을 방문했다.

We visited the palace <u>of which</u> fancy style fascinated us.

We visited the palace the fancy style <u>of which</u> fascinated us.

- 사물을 꾸며주는 관계대명사 which는 어렵지 않습니다. 그러나 소유격에서 『whose』 대신에 『of which』 로 쓸 수 있는데, 『of which』 가 뒤로 이동할 때 난이도가 올라갑니다.

  I called the company <u>whose automatic response system</u> was not working.
  I called the company <u>of which automatic response system</u> was not working.
  I called the company <u>the automatic response system of which</u> was not working.

> 어법문제를 풀 땐 꼭 그 문장 전체를 처음부터 읽어야 해요!

 의문대명사 whom은 who로 변환되는데 관대는 안 되나요?

그렇습니다. 의문대명사는 회화에서 많이 사용되기에 문법적으로 느슨한 면이 있지만, 관계대명사 는 문어체이기에 엄격한 문법을 요구합니다.

I know <u>who</u> this is from. [O]   나는 이것이 누구에게서 왔는지 안다. [의문대명사]
I know the actor <u>who</u> she likes. [X]   나는 그녀가 좋아하는 배우를 안다. [관계대명사]

Q 다음에서 선행사엔 ☐☐☐, 빠진 격에는 ● 표시하고 틀린 곳을 고치세요. ▶▶ 해설 163 p

01   By six months a child whom regularly sleeps in her parents' room is likely to become dependent on this arrangement.

02   One day, I happened to see a newspaper ad what was put out by The Nature Conservation, a nonprofit organization.

03   He just produced which was in him, and brought us a rich treasure of music.

04   If you need to buy food, there is probably a shop or a department store close to your home that sells just which you want.

05   The earliest map is thought to have been made in 7000 B.C. in an ancient city that was in which is now present day Turkey.

06   At that time, I had three million acres of land, most of what was green space.

07   The violinists and pianists their names you've heard regularly earn between $30,000 and $50,000 for a single performance.

08   To the extent that an attractive woman believes about herself what we also want to believe about her, we may just be under the irrationally compelling spell of physical attraction.

arrangement 배치, 정돈 / nonprofit 비영리 / extent 정도, 범위 / irrationally 비이성적으로
/ compelling 강제적인 / spell 주술, 매력

4 복합 관계사

"복잡하다고 겁먹지 마라!"

복합 관계사도 본질은 관계사에서 변형된 것입니다. 기본에 충실하면 간단하게 해결할 수 있습니다.

진단 테스트 다음 문장에서 알맞은 것을 찾아 낼 수 있다면 이 페이지를 넘어가도 좋습니다.

We live and work within a browser, and it doesn't matter [whichever / however] browser it may be.　　　　　　　　　　▶▶ 해설 164 p

1-1 복합관계대명사 [불완전] VS. 복합 관계부사 [완전]

● 복합관계대명사

Whoever ● visits me is welcomed.
누구라도 나를 방문하는 사람은 환영이다.

You may have whichever you choose ●.
당신이 어느 것을 선택하든지 가져도 좋다.

Whatever you invent ● will belong to government.
당신이 발명하는 것 무엇이든지 정부에 속하게 될 것이다.

● 복합 관계부사

Whenever you are free, visit me.
당신이 자유로울 때 언제든지 나를 찾아오라.

Wherever you go, be polite.
어디를 가든지 공손해라.

However good the product may be, marketing is crucial.
아무리 제품이 훌륭해도 마케팅이 결정적이다.

1-2 복합관계형용사 VS. 복합 관계부사

● 복합관계형용사

Whichever items you choose will be yours.
당신이 어떤 품목을 선택하든 당신의 것이 될 것이다.

Whatever school you may attend, you have to do your best.
당신이 무슨 학교를 다니던 간에 최선을 다해야 한다.

ⓘ 복합 관계부사

<u>However well</u> you may be prepared, positive attitude is a priority.
여러분이 아무리 잘 준비되었어도 긍정적인 태도가 우선이다.

"결국 복합관계대명사와 복합관계부사는 뒤 쪽이 불완전한가를 보고, 그래도 답이 나오지 않으면 『복합관계형용사 + 명사』, 『however + 형용사 / 부사』로 구별해야 해요.

 Why ▶ 복합관계사는 양보절로만 사용되나요?

그렇지 않습니다. 본래의 용법과 양보절 두 가지로 나누어지는데 조동사 may는 양보절에서만 등장합니다.

You should be kind [wherever you go]. = [any place where you go]. 장소
You should be kind [wherever you may go]. = [no matter where you may go]. 양보
I will hire [whoever comes first]. = [any one who comes first]. 인물
I will hire him, [whoever may come first]. = [no matter who may come first]. 양보

Q 다음에서 이끄는 절에 ☐ 표시하고, 틀린 곳을 고치세요.　　　　▶▶ 해설 164 p

01 "I was born," and you could put however you liked after that.

02 He simply says however comes to mind.

03 Everyone wants some place to put her things in, whatever she owns one cup and saucer or half the football equipment in America.

04 What you want, we will grant your wish.

05 Remember this: you may be in a storm, but how dark the clouds are, climb up through them, and the sun is still shining brightly.

06 Of course, I assume that my neighbor notices however wonderful and unique they are.

07 What the cause of our discomfort is, most of us have to train ourselves to seek feedback and listen carefully when we hear it.

08 What its variation is, brown retains its natural character.

09 Whatever you are troubled, ask your pal, "Do you have a moment to listen to my trouble?"

10 How hard you may try, you will not succeed without imagination.

---

equipment 장비 / grant 승낙하다, 수여하다 / variation 변화 / retain 계속 유지하다

01 One day his banker asked him to sign some papers, and [was surprised / surprised] to learn that the man couldn't read or write.

02 Furthermore, Southern traditionalists accuse air conditioning of speeding up their lifestyles and [contribute / contributing] to a decline in neighborly conduct.

03 It is better to receive less money and [love / loves] what you are doing than to receive lots of money and hate what you are doing.

04 They discovered that people who were given popularity rankings were more likely to select [that / what] the website claimed were favorite choices.

05 Generally, when you meet people who are almost the same age as you, they will immediately tell you [that / what] they want to be called.

06 So it incorporated in its constitution the principle [that / which] in youth hostels "there shall be no distinctions of race, nationality, color, religion, class or political opinions."

07 Beauty is certainly more than skin-deep. Whatever you might define, beauty extends far beyond the visual to [what / which] pleases other senses and even the mind.

08 There is a gap between [what / which] people say should happen and what they actually do.

09 You may be surprised to see [how / however] many calories you can save.

10 Those hormones are concentrated in the animals' fat and passed on to [whoever / whomever] eats it.

---

accuse A of B: A를 B 때문에 비난(고소)하다 / conduct 행위 / incorporate 통합하다 / constitution 헌법 / extend 뻗다

11 The Australian taipan, for example, is a snake, [which / whose] poison is strong enough to kill 199 adults with just one bite.

12 It was a very elegant place, and it was always full of interesting people, [who / which] was why I liked to go there.

「people」이 선행사네.... 쉬어도 너무 쉬워~ ㅎ

13 All individuals must eat to survive, but what people eat, when they eat, and the manner [in which / which] they eat are all patterned by culture.

14 The term "martial arts" refers to a large variety of fighting sports, [most of them / most of which] originated in the Far East.

15 The "time-zone syndrome" is <u>even</u> more important in the case of airline pilots, who seldom
                                                 ①
<u>have</u> time to adjust completely before winging back to their original time zone and <u>whom</u>
 ②   ③
job requires the <u>utmost</u> in mental alertness.
               ④

16 If <u>left</u> untreated, stinging sensation may weaken vision and lead to eye infections. Tears keep
   ①
eyes <u>moist</u> and clean. If too <u>few</u> tears are produced or their chemical composition is altered,
   ②   ③
the <u>annoyed</u> symptoms of dry eye syndrome may develop.
    ④

---

elegant 우아한 / martial art 무술 / utmost 최대의 / sting 찌르다 / annoy 성나게 하다

17 A teacher at Training School in Springfield, Massachusetts, invented a new game. He asked

the school janitor to find two boxes and <u>nailed</u> them at opposite ends of the gymnasium
①

balcony. The janitor couldn't find <u>any</u> boxes, so he substituted two peach baskets. If he had
②

been able to find two boxes, the game probably <u>would have become</u> known as "box-ball";
③

instead it was <u>named</u> "basketball."
④

18 Tigers' stripes help them blend in with tall grasses, but zebras are really conspicuous. What

was the point of Mother Nature <u>painting</u> these elegant creatures in black and white? The
①

animals <u>whose</u> prey on zebras are busiest during the cool hours of sunrise and sunset. It turns
②

out <u>that</u> the black and white stripes show up as grey from a distance, <u>which</u> helps the zebras
③   ④

blend with the low light.

19 Almost every day I play a game with myself that I call 'time machine.' I made it up in

response to my erroneous belief <u>that</u> what I was all worked up about was really important.
①

<u>To play</u> 'time machine' all you have to do is to imagine that <u>however</u> circumstance you are
②   ③

dealing with is not happening right now but a year from now. It might be an argument with

your spouse, a mistake, or a lost opportunity, but it is highly <u>likely that</u> a year from now you
④

are not going to care.

janitor 수위 / blend 섞이다 / conspicuous 뚜렷한 / erroneous 잘못된

20 The saddest places on earth are graveyards. Not because dead people lie there, but because

dreams, talents, and purposes that never came to fruition <u>are buried</u> there. Graveyards are

①

filled with books <u>that</u> were never written, songs that were never sung, and things <u>that</u> were

②   ③

never done. You have talents that no one else can offer. There are things you can do <u>it</u> no

④

one else is capable of doing the way you can do them.

▶▶ 해설 165 p

CHAPTER

4

시제
Tense

1 시제

"시제를 결정짓는 표현에 주목하라!"

시제는 시간과 달리 문법 안의 시간 표현입니다. 그러므로 문법적 단서를 찾아야 합니다.

진단 테스트 다음 문장에서 알맞은 것을 찾아 낼 수 있다면 이 페이지를 넘어가도 좋습니다.

When the stranger died years later, he [left / has left] the Peoria police department a million dollars. ▶▶ **해설** 168 p

1-1 과거 VS. 현재완료

○ 과거 시제

I <u>visited</u> Stanford University three days ago.

3일 전에 스탠포드 대학교를 방문했다.

When did you have your car cleaned?

언제 세차하셨나요?

○ 현재 완료

I <u>have visited</u> Stanford University before.

예전에 스탠포드 대학교를 방문한 적이 있다.

How long have you written a novel?

얼마나 오랫동안 소설을 쓰셨나요?

1-2 미래 VS. 미래완료

I <u>will read</u> 'Walden' this summer.

이번 여름엔 '월든' 을 읽을 거야.

I <u>will have read</u> 'Walden' by the end of August.

8월 말까진 '월든' 읽기를 마칠 거야.

1-3 과거완료

Jason **lost** the book his father **had bought** for him.
제이슨은 아버지가 그에게 사주셨던 책을 잃어 버렸다.

His father **bought** a book for Jason, and he **lost** it.
그의 아버지가 제이슨에게 책 한 권을 사주셨고 그는 그것을 잃어 버렸다.

무조건 과거보다 앞선다고 과거완료를 쓰면 안돼요. 논리
적으로 반드시 「앞섬」을 나타낼 필요가 있을 때 쓰는
거예요.

1-4 현재

When you **finish** something, you'll realize its value.
여러분이 무언가를 끝낼 때 그 가치를 깨달을 것이다.

If it **snows** for the first time this year, we'll meet.
올해 첫 눈이 내리면 우리는 만날 것이다.

Why 미래대신 현재를 사용하는 when, If 항상 그런가요?

그렇지 않습니다. 부사절일 때만 적용되고, 명사절이나 형용사절일 때는 필요하면 미래시제를 사용합니다.

We can't predict ● [when economy will improve]. 우리는 경제가 언제 향상될지 예측할 수 없다. [명사절]
We can't predict the year [when economy will improve]. 우리는 경제가 향상될 해를 예측할 수 없다.
[형용사절=관계부사절]

We can't predict ● [if economy will improve]. 우리는 경제가 향상될 지를 예측할 수 없다. [명사절]

Q 다음 중 시제를 알려주는 표시어에 [　　　　] 하고, 틀린 곳을 고치세요. ▶▶ 해설 168 p

01 Fashions come and go, but astronauts' spacesuits remain the same for the past 40 years.

02 She had been worrying because she felt everyone at the school was more talented and ambitious.

03 Preparing broccoli is extremely easy, so all you have to do is boil it in water just until it will be tender, three to five minutes.

04 Students with high grades organize their time, planning when they complete their assignments.

05 He wanted to know what kinds of girls her sisters were, what her father was like, and how long her mother has died.

06 These family trips usually continue until their children will become teenagers.

07 Until photography was invented, most Americans have never seen a "true likeness" of their President.

08 Pasteur believed that he had a cure for rabies, but he had never given it to a person ago.

astronaut 우주비행사 / ambitious 야심적인 / extremely 극도로 / assignment 과제, 할당 / likeness 비슷함 / rabies 광견병

2 조동사의 시제

"조동사가 출제되는 것은 100% 시제이다!"

조동사도 시제를 표현할 수 있습니다. 구별하려면 반드시 주변 문맥을 해석해야 합니다.

진단 테스트 다음 문장에서 틀린 것을 찾아 낼 수 있다면 이 페이지를 넘어가도 좋습니다.

Now the only trouble is that I don't have enough money to pay for it! I must have thought more about my finances before I took such an expensive trip.

▶▶ 해설 169 p

「must」가 「했어야 했다」인건 알고 있지?ㅎ

1-1 과거의 추측

She may have been rich.

그녀는 부유했을 지도 모른다.

= It is possible that she was rich. [복문]

She must have been rich.

그녀는 부유했었음에 틀림없다.

= It is certain that she was rich. [복문]

She can't have been rich.

그녀는 부유했었을 리가 없다.

= It is impossible that she was rich. [복문]

1-2 과거의 후회

I should have been diligent.

나는 부지런했었어야 했는데.

= I ought to have been diligent.

= I had to be diligent, but wasn't.

현재일 때는 must ≒ should 비슷한 뜻을 가지나, 과거로 전환되면 달라진다는 것!

- must have pp ≠ should have pp

1-3 소망 / 제안의 표현

The committee <u>suggested</u> that a new bridge (should) be built.
그 위원회는 새로운 다리가 건설 될 것을 제안했다.

It is <u>essential</u> that a person (should) lead a group.
한 사람이 한 집단을 이끄는 것은 필수적이다.

Congressmen <u>insisted</u> that the bill (should) be passed.
국회의원들은 그 법안이 통과될 것을 주장했다.

가능한 표현들

- propose (제안하다) require, ask (요구하다) desire (소망하다) demand (요구하다) important (중요한)
  imperative (절박한) necessary (필요한)...

 Killer 문항 따라잡기

- 『suggest』 『insist』 등의 표현 뒤에는 보통 『동사원형』 이 온다는 것은 기본 난이도입니다. 그러한 표현
  뒤에 『미래에 대한 소망』 이 아닌 경우엔 『(should) 동사원형』 이 나오지 않는데, 이것이 고난이도입니다.

  Her behavior suggested that she <u>loved</u> me. 그녀의 행동은 나를 사랑함을 암시했다.
  Witnesses insisted that the accident <u>had occurred</u> on the sidewalk.
  목격자들은 그 사고가 인도에서 발생했었다고 주장했다.

눈으로만 풀지 말고 꼭 해석을 해야 해요!"

 Why 『해야 한다』의 뜻을 가진 조동사가 왜 이렇게 많은 가요?

그것은 각각의 조동사들이 약간씩 다른 의미를 갖기 때문입니다. should는 『인간으로써 기본적
으로 해야 할 일을』, have to는 『상황이 그럴 수밖에 없어서』, must는 『말하는 자의 강요에
의해』 해야 할 일을 가리킵니다.

One should (=ought to) keep one's word   사람은 자신의 약속을 지켜야 한다.
I have a class in five minutes. I have to go now.   5분 안에 수업이 있습니다. 지금 가야 합니다.
You must do it now.   너는 당장 그것을 해야 한다.

Q 다음 문장의 해석에 유의하면서, 틀린 곳을 고치세요.　　　▶▶ 해설 169 p

01　Aldenderfer and his team hope that DNA analysis will pinpoint the origins of this isolated region's inhabitants, who may migrate from the Tibetan Plateau.

02　We often hear stories of ordinary people who, if education had focused on creativity, could have become great artists or scientists. Those victims of education should receive training to develop creative talents while in school. It really is a pity that they did not.

03　Her eighty-one dogs inherited $14 million! In another case, an Ohio man left a will ordering that his money was spent to build a home for cats.

04　To change this, it is essential that everyone in a more privileged position has understood about the day-to-day reality of poor people.

05　One explanation of the moon illusion involves relative size. This idea suggests that the moon look very large on the horizon because it is compared with trees, buildings, and other objects.

06　It was difficult to determine exactly where the accident had taken place. Many witnesses insisted that the accident should take place on the crosswalk.

pinpoint 정확히 찾아내다 / inhabitant 거주민 / will 유언장, 의지 / privileged 특권을 가진 / illusion 환상 / horizon 수평선, 지평선

3 가정법

"가정법도 시제이다!"

가정법을 접속사의 영역에서 많이들 공부합니다. 하지만 가정법은 철저히 시제에서 정리해야 합니다.
더불어 가정법이 고난이도 문제로 변환되는 원리도 소개합니다.

진단 테스트 **다음 문장에서 틀린 것을 찾아 낼 수 있다면 이 페이지를 넘어가도 좋습니다.**

Micky and I would be lonely those long nights when the cold wind whistled around the home if it had not been for our friends who were in the stories.

▶▶ **해설** 170 p

1-1 가정법 과거

If I _were_ a college student, I _would travel_ abroad.
내가 (지금) 대학생이라면 해외로 여행할 텐데.

A pin drop _might be_ heard.
핀이라도 떨어지면 들릴 만큼 조용하다.

It is time we _stopped_ smoking.
금연해야 될 시간이다.

1-2 가정법 과거완료

If I _had been_ a college student, I _would have traveled_ abroad.
내가 (그때) 대학생이었더라면 해외로 여행했었을 텐데.

A pin drop _might have been_ heard.
핀이라도 떨어졌더라면 들릴 만큼 조용했다.

1-3 혼합 가정법

If I _had focused_ on my goal then, I _would be_ in millionaire club now.
내가 그 때 나의 목표에 집중했었더라면 지금 백만장자 클럽에 들어갈 텐데.

1-4 고난이도 가정법

 1단계 [If 절 ⇄ 주절]

I might not have been frightened, if I had known someone was in the closet.
만약 내가 누군가 벽장 안에 있다는 것을 알았더라면 놀라지 않았을 텐데.

 2단계 [부사구(절) 삽입]

I might not have been frightened <u>when I opened the door last night</u> if I had known someone was in the closet.
내가 어제 밤 그 문을 열었을 때 만약 내가 누군가 벽장 안에 있다는 것을 알았더라면 놀라지 않았을 텐데.

Killer 문항 따라잡기

- 일반적으로 가정법 시제는 직설법보다 과거 쪽으로 한 단계 앞선다고 볼 수 있습니다. 그러나 『as if』는 독특한 시제를 갖고 있습니다. 『as if』 앞에 나온 동사와 같은 시간대에 일어난 일은 『과거』를, 앞선 시간대라면 『과거완료』를 써야 합니다.
  He talks as if he <u>knew</u> everything. 그는 모든 아는 것처럼 말한다.
  He talks as if he <u>had read</u> the book. 그는 그 책을 읽어 본 것처럼 말한다.
  He talked as if he <u>knew</u> everything. 그는 모든 아는 것처럼 말했다.
  He talked as if he <u>had read</u> the book. 그는 그 책을 읽어 본 것처럼 말했다.

 문장에서 if 가 사용되면 모두 가정법인가요?

그렇지 않습니다. 가정법이란 우리가 사실로 알고 있었던 것을 반대로 가정해 보는 표현입니다. 그 외의 경우는 성질이 다르다고 볼 수 있습니다.

If it <u>rains</u> tomorrow, our excursion will be put off.
만약 내일 비가 온다면 우리의 야유회는 연기될 것입니다.
If our products <u>should have</u> any defects, please feel free to call us.
(그럴 리는 없지만) 혹시 우리 제품에 어떤 결함이라도 있으면 전화 주십시오.
If the earth <u>were to halt</u>, my love will stop, too.
만약 지구가 멈춘다면 나의 사랑도 역시 멈출 것입니다.

Q 다음 문장에서 가정법 유발표현에 ☐ 표시하고, 틀린 곳을 고치세요.

▶▶ 해설 170 p

01 We feel as if the day they entered our school was yesterday, and now we see them proudly receiving their graduation certificates.

02 Even though most of the passers-by were most likely rushing to work, the scene might be quite different if they had known that the young musician was Tony Adamson, a world famous violinist.

03 Therefore, he did not turn and he strode on as if he heard nothing.

04 But do you ever wonder how you act if you were put to the test?

05 Years ago, I would respond to this petty annoyance with a pointless, immature outburst of anger.

06 Thus, if you had turned a light toward Mars that day, it had reached Mars in 186 seconds.

07 For example, experienced early mariners knew that if they sailed in a certain direction for a certain period of time, they would have found their destination.

08 A policeman, who was on the beach, said that if Clauss haven't reacted so quickly and decisively, there would have been two drownings instead of one.

certificate 증명서 / stride 큰 걸음으로 걷다 (과거형: strode) / petty 사소한 / annoyance 성가심
/ outburst 폭발 / decisively 확고하게

01 When it was suggested we [go / went] to the shopping mall, everybody but my wife was enthusiastic. She begged off, insisting she [want / wanted] to get some baking done that afternoon.

02 Then, I overheard the woman behind us whisper to her husband, "Look at those two, probably out on one of their first dates!" At the time, we [have / had] been married for thirteen years!

03 "According to her, my going to medical school is just another example of how I don't listen. She insists she [has / have] always told me to marry a doctor, not become one."

04 The teeth [have been bothering / had been bothering] David for some time. He knew he should have gone to the dentist's earlier. But he had put it off.

05 After the birth of our second son, my husband was bottle-feeding him in my hospital room, when a nurse marched in and demanded that he [wash / washed] his hands and put on a hospital gown.

06 Researchers believe crying and laughing stem from the same part of the brain. Just as laughing produces a lot of healthy benefits, scientists are discovering that crying [does / is] too.

07 "The dogs on that show are really loud. It's funny – when the electricity went out, I thought I had turned the TV off. But I [must / should] have turned the volume all the way up instead."

08 Edison worked primarily on useful inventions, saying that he wanted to make as much money as possible. However, he did not make the fortune, because he insisted that his inventions should [remain / have remained] exactly as he created.

---

enthusiastic 열렬한 / beg off 못하겠다고 하다 (beg 간청하다) / overhear 우연히 듣다 / bother 신경 쓰이게 하다 / put off 미루다

09 Our early ancestors may have used the fingers of their hands or cut notches like /// on tree branches to indicate how many apples they had picked that day. But they [must soon realize / must soon have realized] that no tree branch could be long enough to count a very large number of apples.

10 College is totally different from high school because you are on your own. I [cannot / may not] stress too much about the idea of learning independence.

11 Her father was interested that she was so desperate to pray after the test, so he listened closely and heard her pray, "Lord, please, please, please make London the capital of France." Perhaps she [may / should] have prayed that God would help her study hard before the test.

12 This, it should be noted, was at a time when the principles of racial equality and brotherhood were by no means so widely acknowledged as they [do / are] now.

13 In schools, we all learned that dinosaurs were slow and cold-blooded reptiles. However, the opposite may be true. New scientific evidence shows dinosaurs [must / should] have been warm-blooded animals that behaved more like mammals than reptiles.

14 Some scientists believe that it is a natural rock formation, and that it may have been changed by the people of an ancient civilization. Other scientists say that it [must / should] have been made by man.

15 Excavations revealed that piles of wood <u>had been</u> placed around these structures and <u>set</u> on
①   ②
fire. Some archaeologists think that the ancient urban people <u>must burn</u> their temples and left
③
their city in anger against their gods for <u>permitting</u> a long famine.
④

desperate 절망적인, 필사적인 / acknowledge 인정하다 / reptile 파충류 / archaeologist 고고학자

16 If this is the case in your family, the best thing is to pick a time <u>when</u> you can sit down and
①
talk <u>privately</u> to your Mom or Dad. They maybe a little embarrassed, as their parents
②
<u>may not talk</u> to them about puberty, so you may need to give them a little time to get used
③
to <u>talking</u> about these things.
④

17 An environment-agency official tells a surprising incident about some people <u>who</u> lived in
①
an apartment building <u>close</u> to a busy state highway. The families were made <u>miserably</u> by
②   ③
the noise, and they complained to the city government. City officials went to the state capital

again and again to ask that something <u>be done</u> about quieting the highway noise.
④

18 Last week I <u>fell</u> off my bike. I bruised my elbow and sprained my have been worse if I
①
<u>hadn't been</u> wearing my bicycle helmet. "Tell your friends what happened to you," the
②
doctor said, "so they'll be sure to wear their helmets, too." I did <u>what</u> the doctor said, and
③
<u>got</u> a few kids to wear helmets is not a big deal.
④

19 Everyone <u>brought out</u> gifts for Mary: stockings from Elena, a purse from Steve, and a pair
①
of very old silver earrings from Chris, who said she <u>had had</u> them since she was a little girl.
②
Uncle Jack gave a lengthy speech about <u>what</u> Mary was like a daughter to him and to Aunt
③
Barbara. And then, he handed her an envelope in <u>which</u> was tucked a fifty-dollar bill.
④

tuck 밀어 넣다

20 A large number of efficiency <u>experts</u> set up shop in London, <u>advertising</u> themselves as
　　　　　　　　　　　　　　　　　　　　　① 　　　　　　　　　　　　　　　　　　　②

knowledgeable about every type of new manufacturing process, trade, and business. For a

substantial fee, they would impart their knowledge to their clients. But it soon became

<u>evident</u> that their knowledge was limited and of no practical value. Doubtful industrialists
　③

started calling these self-appointed experts 'jacks of all trades and masters of none.' These

experts are still with us, and as a result so <u>does</u> the phrase.
　　　　　　　　　　　　　　　　　　　　④

▶▶ 해설 171 p

substantial 상당한 / trade 교역, 직업

CHAPTER

5

준동사

Infinitive, Gerund, Participle

1 준동사의 동사적 성질

"준동사는 동사의 성질을 유지한다!"

준동사[부정사, 동명사, 분사]가 새로운 역할로 사용되지만 그 본질은 변하지 않습니다. 따라서 동사의 성질이 그대로 남아있게 됩니다.

진단 테스트 다음 문장에서 틀린 것을 찾아 낼 수 있다면 이 페이지를 넘어가도 좋습니다.

Washing the face each day gets rid of dead skin cells, excess oil, and surface dirt, but too much cleansing or washing too vigorous can lead to dryness and irritation, which can make acne worse. ▶▶ 해설 174 p

1-1 목적어 / 보어 수반

● 목적어

There is a possibility of damaging your stuff.
당신의 물건을 손상 입힐 가능성이 있다.

● 보어

To be grateful is the first step of success.
감사하는 것이 성공의 첫 단계이다.

1-2 부사가 수식

To dream vividly is essential to reaching a goal.
생생하게 꿈꾸는 것이 목표에 도달하는 것에 필수적이다.

Planning strategies elaborately was Napoleon's preparation.
전략을 정성스럽게 계획세우는 것이 나폴레옹의 준비였다.

The streets were crowded with young men running voluntarily.
그 거리들은 자발적으로 달리는 젊은이들로 붐볐다.

1-3 주어가 있음

It was impossible for him to pay off all the debt.
그가 모든 빚을 청산하는 것은 불가능했다.

It is considerate of him to hold the door open.
그가 문을 열린 채 잡아주는 것은 사려 깊다.

He insisted on my going there.
그는 내가 거기에 갈 것을 주장했다.

A <u>hugging</u> woman in the street asked for some money.
길거리에서 포옹하는 여자는 약간의 돈을 요구했다.

A <u>blown</u>-up bridge collapsed immediately.
폭파된 다리는 즉시 붕괴됐다.

1-4 부정 / 시제

<u>Not having</u> a gym was not a big deal for the athlete.
체육관을 갖지 못한 것은 그 선수에게 대단한 일이 아니었다.

The first ice cream is believed <u>to have been</u> made in China.
최초의 아이스크림은 중국에서 만들어 졌던 것으로 믿어진다.

Killer 문항 따라잡기

- 준동사를 부사가 꾸미는 것은 당연하게 보입니다. 그러나 주변에 명사가 등장하면 형용사가 필요한 것 같은 착시현상이 일어납니다.

She was admitted into the State University with strategy <u>effective</u> selected. (X)
She was admitted into the State University with strategy <u>effectively</u> selected. (0)
그녀는 효과적으로 선택된 전략을 가지고 그 주립대학에 입학허가를 받았다.

 동명사 형태는 100% 동사적 성질을 갖나요?

그렇지 않습니다. 워낙 빈번하게 사용되어 완전한 명사의 성질을 갖게된 동명사도 있습니다.

He owns three big <u>buildings</u> in New York.
그는 뉴욕에 세 채의 큰 건물을 소유하고 있다.
The good <u>understanding</u> of literature is important to CEOs.
문학에 대한 훌륭한 이해는 최고 경영자들에게 중요하다.
(cf) Understanding literature well is important to CEOs. (0)
문학을 잘 이해하는 것은 최고 경영자들에게 중요하다.

Q 다음 문장에서 준동사에 ☐ 표시하고, 틀린 곳을 고치세요.   ▶▶ 해설 174 p

01 Brainstorming is roughly defined as any group activity involving of the pursuit of new ideas.

02 The European continent is believed to split into many sections which moved in many directions.

03 His self-confidence contributes to building a positive self-image rapid.

04 Is it any wonder that some institutions, large run by a committee, are so poorly managed?

05 The point of doing homework is to help children absorb their lessons effective.

06 It means moving along with the winds of the time with the roots solid anchored in the ground.

07 There is almost no way to dispose of the parts of computers safe in a manner that is good for the environment.

08 The interior is decorated with elaborate carved wooden furniture and red-velvet-covered tables.

---

brainstorming 창조적 집단사고 / institution 기관 / anchor 닻을 내리다, 고정시키다 / dispose of 처리하다 / elaborate 정교한

2 목적보어로 사용되는 준동사

"목적어의 행동을 묘사할 때 준동사가 사용된다!"

목적어가 어떤 행동을 진행 중인지, 앞으로 할 예정인지, 아니면 완료한 것인지를 각각 알맞은 준동사가 표현할 수 있습니다.

진단 테스트 다음 문장에서 틀린 것을 찾아 낼 수 있다면 이 페이지를 넘어가도 좋습니다.

Families on both sides seeing all their male members rush to become soldiers in the first weeks of the war. ▶▶ 해설 174 p

「rush」가 본동사 맞제?? ㅎㅎㅎㅎ

1-1 앞으로의 행동 [부정사]

○ 일반 동사 [행동유발]

Global warming caused the ice cover in the arctic to melt.
지구 온난화는 북극의 얼음판을 녹도록 유발했다.

Government got the youth to vote in the election.
정부는 젊은이들이 선거에서 투표하도록 시켰다.

High rate of unemployment forced applicants to lower expectation.
높은 실업률은 응시자들이 기대감을 낮추게 만들었다.

기타

• allow(허락하다) order(명령하다) encourage(북돋아 주다) enable(가능하게 해주다) ask(요청하다) persuade(설득하다)......

○ 사역 동사 [행동유발]

The authorities made all the people join the party.
당국은 모든 국민들이 당에 가입하도록 시켰다.

The homeroom teacher had us clean the classroom.
담임선생님은 우리에게 교실을 청소하도록 시켰다.

1-2 진행중인 행동 [현재분사]

일반 동사

Gravity kept the wheels rolling down the slope.
중력으로 그 바퀴들은 계속 경사면을 따라 굴러갔다.

cf) Gravity kept everything from escaping from the planet.
중력으로 모든 물체가 지구에서 벗어날 수 없다.

지각 동사

I saw John playing tennis at the court.
John이 코트에서 테니스 치고 있는 것이 내 눈에 들어왔다.

cf) I saw John play tennis at the court.
나는 John이 코트에서 테니스 치는 것을 (처음부터 다) 보았다.

1-3 완료된 행동 [과거분사]

I saw some players beaten after the game.
나는 몇몇 선수들이 경기 후에 맞은 것을 보았다.

cf) I saw some players being beaten after the game.
나는 몇몇 선수들이 경기 후에 맞고 있는 것을 보았다.

Why 준사역동사 help는 왜 부정사와 원형 둘 다 사용하나요?

그것은 도움의 정도의 차이가 있기 때문입니다.

I helped the student solve the problem.   나는 그 학생이 그 문제 푸는 것을 도와줬다.
I helped the student to solve the problem.   나는 그 학생이 그 문제 푸는 것을 도와줬다.

원형이 오는 것은 도움의 정도가 커서 해결책을 찾아주었다는 의미이고, 부정사를 쓰는 것은 힌트 제공 같은 도움의 정도가 약한 상태를 말합니다.

Q 다음 문장에서 본동사에 ⬚ 표시하고, 틀린 곳을 고치세요.　　▶▶ 해설 174 p

01　Running would actually make the fire to get worse because the air would cause the fire get bigger and spread more quickly.

02　Some of the early personal accounts of anthropologists in the field make fieldwork sounding exciting, adventuresome, certainly exotic, sometimes easy.

03　The convenience of such portable measuring devices enables you using the parts of the body as measurements.

04　The soldier denied the charge, and offered as proof of his innocence the fact that he had heard the bell in the clock tower of St Paul's Cathedral to strike thirteen times at midnight.

05　My friend's daughter found the endless review in preparation for these tests bored, and she wanted her teacher to teach instead of preparing for them.

06　Let your positive attitude, not circumstances or past failures, determines how you view yourself.

07　As a result, they develop a tolerance that should help them relating to people in later life.

08　Researchers have also found the sound of Styrofoam being rubbed together to be the second most irritated next to fingernails on a chalkboard.

account 설명, 계산 / convenience 편리 / portable 들고 다닐 수 있는 / charge 기소, 고발, 요금 / tolerance 관용, 너그러움

③ 부정사 VS. 동명사

"부정사는 미래를! 동명사는 과거를!"

to 부정사의 명사적 용법과 동명사의 명사적 기능이 공통점과 차이점을 갖습니다. 주어와 보어로 사용될 때는 거의 같지만, 목적어로 사용될 때의 차이점을 알아두어야 합니다.

진단 테스트 다음 문장에서 알맞은 것을 찾아 낼 수 있다면 이 페이지를 넘어가도 좋습니다.

She had a very good voice, except that some of her high notes tended to sound like a gate which someone had forgotten [to oil / oiling].

▶▶ 해설 175 p

1-1 공통점

● 주어

Seeing is believing.
= To see is to believe.
보는 것이 믿는 것이다.

● 보어

My goal is to enter Stanford University.
= My goal is entering Stanford University.
나의 목표는 스탠포드 대학에 입학하는 것이다.

1-2 차이점

● 타동사의 목적어

He refused to accept the offer.
그는 그 제안을 수용할 것을 거부했다.

He denied accepting the offer.
그는 그 제안을 수용한 것을 부인했다.

● 부정사를 목적어로 받는 타동사

plan(계획하다) expect(기대하다) want(원하다) wish(바라다) hope(희망하다) seek(추구하다) pretend(...인 체하다) manage(그럭저럭...하다)

● 동명사를 목적어로 받는 타동사

enjoy(즐기다) mind(꺼려하다) avoid(피하다) give up(포기하다) finish(끝내다)

◎ 전치사의 목적어

The biologist contributed to revealing DNA.
그 생물학자는 DNA를 밝히는데 공헌했다.

There is no absolute truth when it comes to falling in love.
사랑에 빠지는 것에 관하여 절대적인 진리는 없다.

I had no choice but to turn back.
나는 되돌아 설 수밖에 없었다.

◎ 둘 다 가능

We regret to tell you that your son died in the war.
당신의 아들이 전사했다는 것을 말하게 되어 유감입니다.

He regrets making a mistake.
그는 실수한 것을 후회한다.

◎ 둘 다 가능한 동사 (부정사/동명사)

begin(시작하다) start(시작하다) forget(~할 것을/~한 것을 잊다) remember(~할 것을/~ 한 것을 기억하다)
try(시도하다, 노력하다 /시험삼아 해보다)

Killer 문항 따라잡기

- 전치사 뒤에 동명사가 오는 것은 당연한 듯이 보입니다. 그러나 전치사 『to』는 부정사의 『to』와 형태가 같기에 헷갈리게 됩니다.

  He progressed from living from hand to mouth to save for a rainy day. (X)
  He progressed from living from hand to mouth to saving for a rainy day. (O)
  그는 하루 벌어 하루 먹고 사는 상태에서 어려운 때를 위해 저축하는 상태로 발전했다.

부정사, 동명사 둘 다 취하는 동사 like는 의미차이 없나요?

거의 같습니다. 하지만 기본적으로 동명사는 일반적인 상황을, 부정사는 구체적인 상황을 뜻합니다.

I like playing golf.   나는 (평상시에) 골프 치는 것을 좋아한다.
I like to play golf.   나는 (말하는 시점에) 골프 치고 싶다.

hate도 같은 원리가 적용됩니다.

Q 다음 문장에서 본동사에 ☐☐☐ 표시하고, 틀린 곳을 고치세요.　▶▶ 해설 175 p

01 It turned out that this money was the life savings of an old woman, and through his one act he probably saved her financial life, yet he refused receiving praise.

02 Sing a third higher or lower than the main melody line often creates a pleasant harmony, but the exact interval between the notes will depend on the song.

03 Often we find that the exhibitions you least expect to enjoy delivering the most inspiring results.

04 He has even said that Facebook can help stopping terrorism by enabling Middle Eastern youths to connect with the Western world.

05 The study found that the injury related to a bee sting was no worse if you squeezed out the stinger compared to scrape it off.

06 Just imagine the looks of surprise this assignment inspires in students who are so used to showcase their successes.

07 He went from catching footballs to flip hamburgers twelve hours a day.

08 When the train came to his station, he got up and stood patiently in front of the door, waiting for it opened.

interval 간격 / note 음조 / squeeze 짜다 / stinger 찌르는 것, 침 / scrape 긁다 / showcase 전시하다 / flip 휙 뒤집다

01 At that time, getting rich information was very expensive, and the tools for [analysis / analyzing] it weren't even available until the early 1990s.

02 Forgiveness occurs in two stages. In the first stage, you stop [to blame / blaming] the person who hurt or wronged you.

03 They would work very quickly for twenty or thirty minutes before taking a break—to show what it was to be the best in the factory. I remember [to talk / talking] with them: each expressed enormous pride in being a part of the fastest, best team.

04 After hearing me [talk / to talk] about my job, my young son looked forward with pleasure to [spend / spending] the day with me at the office.

05 The report suggests that many children are left to their own devices at these times and some find themselves [involved / involving] in illegal or dangerous activities.

06 Since the mood-enhancing effect of carbohydrates takes time to work and lasts just two to three hours, Wurtman suggests [to eat / eating] several mini-meals on high-stress days.

07 Stone is still part of a special kind of window, but by replacing it with glass, the architects could make the whole building [look / looked] more airy and open.

08 He was one of my little brother's best friends and one of those kids that I watched [grow / to grow] up over so many years.

09 So the government launched a campaign to get fastfood restaurants [recycle / to recycle] 90% of their waste.

---

enormous 막대한 / carbohydrate 탄수화물 / architect 건축가 / launch 시작하다

10 Under our strict educational system, universities are kept [administering / from administering] their own entrance exams.

11 Another reason the tribe does this is to make them seem [threatening / threatened] to their enemy.

12 When my son was four, there were times when I told him to do something and he just said, "No." I'd look at him in amazement, admiring his courage and [amusing / amused] by his boldness.

13 Roosevelt served four terms, and after his death during his last term in office, a law [restricted / restricting] the number of terms a president could serve was passed.

14 Getting the chain [repaired / repairing] proved difficult, so my mother sent it to me and suggested I seek the help of the goldsmith who'd made it.

15 At last, the little girl arrived at her grandmother's, opened the door, and saw someone in her grandmother's bed [wearing / to wear] her grandmother's clothes.

16 Inspired by the "slow food" movement, growing numbers of people want their vacation to be
    ①   ②
something more than a vague memory of uncomfortable plane rides and rushes sightseeing
                                                                          ③
tours. They are encouraged by a sense of adventure as well as a taste for real experience.
          ④

---

administer 관리하다 / goldsmith 금세공인

17 She is surrounded by important-looking people. It is the picture of Mother Teresa receiving the
  ①   ②

Nobel Peace Prize! Fulghum says he keeps that picture there to remind himself that, more
                                                                        ③

than a president of any nation, more than any pope, more than any chief executive officer

of a major corporation, and that woman has authority because she is a servant.
                        ④

18 And we're hoping you'll be willing to help these students make it through the program.
                                                             ①

As you know, the costs of providing first-rate education just keep going up. We've done
                                                                ②

everything we can contain costs without compromising quality. One of those things is to set
                   ③

up a scholarship fund for students with special financial needs. We hope you would consider

contributing generously to our fund.
    ④

19 Albert Einstein talked about what influenced his life as a scientist. He remembered seeing
                              ①   ②

a pocket compass when he was five years old and marveled that the needle always pointed
                                                    ③

north. In that moment, Einstein recalled, he "felt something deeply hidden behind things."
                                                                        ④

20 If you want to suck the liquid out of the inner parts of the phone, try <u>using</u> a vacuum cleaner.

①

Remove all residual moisture by drawing it away, with a vacuum cleaner <u>holding</u> over the

②

<u>affected</u> areas for up to twenty minutes. This way you can completely dry out your phone and

③

get it <u>working</u> in thirty minutes.

④

「get 목적어 to V」 정도는 알고 있지? ㅎ

▶▶ 해설 176 p

vacuum 진공

CHAPTER

6

품사편

Part of speech

1 형용사 VS. 부사

"형용사는 명사를, 부사는 동사를 수식!"

기본적으로 형용사는 명사의 성질이나 상태를 나타냅니다. 부사는 동작의 상태, 즉 동사를 꾸미기 위해 태어났습니다.

진단 테스트 다음 문장에서 알맞은 것을 찾아 낼 수 있다면 이 페이지를 넘어가도 좋습니다.

Our immune systems are not functioning as [effective / effectively] as they do when we are well rested. ▶▶ 해설 179 p

1-1 형용사

● 명사 수식

Proper measures should be taken immediately.
적절한 대책이 즉시 취해져야 한다.

China proper does not include Taiwan.
중국 본토는 대만을 포함하지 않는다.

● 보어

Living predators keep the fish alive when they are transported.
살아있는 포식동물은 그 물고기들을 살아있게 유지했다.

Seventeen-hour-per-day study made the challenging mission possible.
하루 17시간의 공부는 그 어려운 사명을 가능한 것으로 만들었다.

1-2 부사

● 동사 수식

This machine works well.
이 기계는 잘 작동한다.

He carried out the project confidentially.
그는 그 프로젝트를 은밀하게 수행했다.

1-3 고난이도 형 vs. 부

 원급 비교

The plan B was as <u>effective</u> as the plan A.
플랜 B도 플랜 A만큼 효과적이었다.

The plan B functioned as <u>effectively</u> as the plan A.
플랜 B도 플랜 A만큼 효과적으로 작동했다.

 앞으로 이동

However <u>bad</u> your circumstances may be ●, you can overcome it.
당신의 환경이 아무리 나빠도 극복할 수 있다.

However <u>evenly</u> wealth may be distributed ●, there is inequality.
부가 아무리 골고루 분배된다 하더라도 불평등이 있다.

Killer 문항 따라잡기

- 기본적으로 형용사는 명사와, 부사는 동사와 관계를 맺습니다. 그러나 좀 더 복잡한 구조를 만들면 헷갈리기 시작합니다.

  China's move to <u>temporary</u> halt oil supply to North Korea sparked a price raise. (X)
  China's move to <u>temporarily</u> halt oil supply to North Korea sparked a price raise. (0)
  북한으로의 석유공급을 임시로 중단하려는 중국의 움직임은 가격 상승을 촉발했다.

 형용사에 -ly가 붙으면 부사가 되나요?

맞습니다. 하지만 명사에 -ly 붙은 단어는 형용사가 된다는 것을 명심해야 합니다.

It is not <u>manly</u> to avoid responsibilities.   책임을 피하는 것은 남자답지 못하다. [형용사]
The captain avoided his responsibility <u>deliberately</u>.   그 선장은 그의 책임을 고의로 피했다. [부사]

부사 형태를 두 개 가질 때는 형용사에 가까운 형태일수록 본래 뜻을 지닙니다.

The athlete jumped <u>high</u>.   그 선수는 높이 점프했다. [부사]
The athlete jumped <u>highly</u> dynamically.   그 선수는 매우 역동적으로 점프했다. [부사]

Q 다음 문장에서 꾸밈을 받는 말에 ☐ 표시하고, 알맞은 것을 고르세요.

▶▶ 해설 179 p.

01 These courses are arranged [alphabetical / alphabetically] by each department in order that the student may choose which courses he wants to take.

02 How do you think the miner made the seemingly impossible mission [possible / possibly]?

03 Cultures as [diverse / diversely] as the Japanese, the Guatemalan Maya, and the Inuit of Northwestern Canada practice it.

04 Older drivers in the poll were more [confident / confidence] in their ability than younger ones.

05 Where exactly do you look for inspiration? A British designer says, "You can find inspiration in everything and if you can't, you're not looking [correct / correctly] — so look again."

06 Dreams do not follow the laws of logic that control our waking thoughts. People who are dead, we see [alive / lively].

07 Since the early days of the electrical revolution, electricity has been recognized as [hazardous / hazardously] to humans.

08 In some African countries, elephants are [near / nearly] extinction because they are hunted for their ivory tusks, which are then sold for a marginal profit on the black market.

---

seemingly 겉으로 보기에 / inspiration 영감 / hazardous 위험한 / extinction 멸종

2 (대)명사

"대명사는 단/복 수를 확인하라"

대명사가 가리키는 대상을 정확히 찾고, 단수인지 복수인지 확인하는 문항이 많이 출제됩니다. 아울러 명사의 단/복 수에 대해서도 학습합니다.

진단 테스트 다음 문장에서 틀린 것을 찾아 낼 수 있다면 이 페이지를 넘어가도 좋습니다.

In spite of their close location to these countries, however, Korea has remained free of the deadly disease. ▶▶ **해설** 180 p

1-1 대명사

● 종류

The factors[factor] of recession are[is] more complex than those[that] of economic growth.

경기침체의 요소들은 경제 성장의 요소들보다 복잡하다.

The factors[factor] of recession are complex. They[It] should be scrutinized.

경기침체의 요소들은 복잡하다. 그것들은 꼼꼼히 연구되어야 한다.

The factors of recession are complex. This is why economists often fail.

경기침체의 요소들은 복잡하다. 이것이 경제학자들이 종종 실패하는 이유이다.

1-2 명사

● 단수 명사

This task requires a great deal[=amount] of effort.

이 임무는 많은 노력을 요구한다.

The region suffered from drought and little water.

그 지역은 가뭄과 물부족을 겪었다.

절대 단수

• equipment(장비) furniture(가구) poetry(시) information(정보) machinery(기계류)

● 복수 명사

A growing number of people are migrating to rural areas.
증가하는 수의 사람들이 시골 지역으로 이주하고 있다.

불규칙 단-복수 [철자 수 감소]

- medium-media(매체) fungus-fungi(곰팡이) phenomenon-phenomena(현상) cactus-cacti(선인장)
  bacterium-bacteria(박테리아)

 대명사 one은 숫자 one과 다른가요?

맞습니다. 정해지지 않은 대상을 가리키기에 부정(不定) 대명사라고 부릅니다. 정해지지 않았기에 형용사로 꾸며줄 수도 있습니다.

- My cellular phone broke down. I need a new one.　　내 핸드폰이 고장 났어. 새 것이 필요해.
- The new players are guided by old ones.　　새로운 선수들은 고참 선수들에 의해 지도를 받는다.

일반적인 사람을 가리키기도 합니다.

- One should keep his word.　　사람은 약속을 지켜야 한다.

Q 다음 문장에서 밑줄 친 대명사의 지시대상에 ☐ 표시하고, 틀린 곳을 고치세요.

▶▶ 해설 180 p

01 He also knew of the Middle East and had a dim knowledge of the massive Asian continent beyond <u>one</u>.

02 Thousands of these technical terms are very properly included in every large dictionary; yet, as a whole, they are rather on the outskirts of the English language than actually within <u>their</u> borders.

03 There was an emotional brain long before a rational <u>it</u>.

04 The pyriform shape is particularly important for cliff-nesting birds as <u>its</u> eggs would smash on the rocks below if they rolled away from the nest.

05 Children who draw as they discuss an emotional experience can give twice as much information as those who only talk about <u>them</u>.

06 As the weather becomes too cool for the beach, some of the most enthusiastic sun lovers are flocking to tanning beds to preserve <u>his</u> summertime color.

07 Microphones in the ear canals pick up sound, then digitize and send <u>them</u> wirelessly to a device attached to the teeth.

08 The first thing I notice upon entering this garden is that the ankle-high grass is greener than <u>those</u> on the other side of the fence.

---

dim 희미한 / term 용어, 기간 / outskirts 변두리, 주변 / rational 이성적인 / 박살나다 / enthusiastic 열정적인 / flock 모여들다 / digitize (데이터를) 디지털로 바꾸다 / attach 부착하다

3 전치사 VS. 접속사

"본동사 유무를 판단하라"

마지막 이론입니다. 접속사는 전치사와 달리 절을 이끕니다. 절 안에는 하나의 본동사가 있습니다. 결국 본동사가 확인되면 접속사를 그렇지 않으면 전치사를 선택해야 합니다.

진단 테스트 다음 문장에서 알맞은 것을 찾아 낼 수 있다면 이 페이지를 넘어가도 좋습니다.

[When / Since] the early days of the organization, it has struggled against nuclear testing. ▶▶ 해설 180 p

1-1 전치사 VS. 접속사 [기본형]

With the prices rising, consumers cut back on spending.

As the prices rise, consumers cut back on spending.
물가가 오르면서 소비자들은 소비를 줄였다.

Upon entering the room, the detective noticed something weird.

As soon as he entered the room, the detective noticed something weird.
그 방을 들어가자마자 그 탐정은 기이한 무언가를 알아차렸다.

Despite the heavy snow, the expedition made way forward.

Though it snowed heavily, the expedition made way forward.
폭설에도 불구하고 그 탐험대는 앞으로 나아갔다.

1-2 전치사 VS. 접속사 [고난이도]

Be sure to wear a helmet while [you are] riding a bike.
　　　　　　　　　　during *[X]*
자전거를 탈 때 헬멧을 꼭 착용하라.

Though [he was] in a hurry, he predicted a possible consequences.
Despite *[X]*
비록 그는 서둘렀지만 가능한 결과들을 예측했다.

It was because of the mental power that he showed resilience.
　　　　because *[X]*
그가 회복력을 보여준 것은 정신력 때문이었다.

• 전치사 뒤에는 명사가, 접속사 뒤에는 『주어 +동사』 의 절이 나옵니다. 그러나 명사 뒤에도 분사로 꾸며줄 땐 절만큼 길어질 수 있습니다.

Because the consumers' familiarity caused by continuous advertisements, the sale figure of the brand increased. (X)

Because of the consumers' familiarity caused by continuous advertisements, the sale figure of the brand increased. (0)

계속되는 광고에 의해 유발된 소비자의 친숙함 때문에 그 브랜드의 판매수치는 증가했다.

결국 접속사 뒤는 긴 구조가 예상되지만 생략으로 짧아지고, 전치사 뒤는 짧은 구조가 예상되지만 오히려 수식어로 길어지는 반전을 조심해야 해요!

Why   접속사와 전치사 둘 다 가능한 것도 있나요?

있습니다. 뜻까지 같은 것으로는 before, after, until=till입니다.

You should return your tickets <u>after</u> you arrive at the destination.
You should return your tickets <u>after</u> arriving at the destination.   목적지에 도착한 후에 표를 반환해야 합니다.

뜻이 다른 것으로는 since 와 as 가 있습니다.
since (접) ---이래로 / --- 때문에 (전) ---이래로
as (접) ---하면서 / --- 때문에 / ---하듯이 (전) ---로써 /---일 때

EXERCISE

Q 밑줄 친 부분에서 본동사 유무를 확인하고, 틀린 곳을 고치세요. [틀린 곳 없음 = X 표시]

▶▶ 해설 180 p

01 Albatrosses are called "gooney birds" by sailors <u>because the extreme difficulty they experience in taking off and landing</u>, but once they are on the wing the flight is unexcelled by that of any other bird. [본동사 O / X]

02 Cervantes received a gunshot wound <u>while a naval battle with the Turks</u>, which permanently crippled his left hand, and on his way back to Spain he was captured by some pirates and held prisoner for five years. [본동사 O / X]

03 <u>When the price of nonrenewable energy sources rising high</u>, we have to take a closer look at the alternative energy sources. [본동사 O / X]

04 <u>Because the enormous responsibility associated with being a police officer</u>, certain personal qualities are considered key for future officers, such as responsibility, good judgments, and the ability to make quick decisions. [본동사 O / X]

05 <u>Despite not always avoidable</u>, there are some steps you can take to avoid hitting a deer. [본동사 O / X]

06 The waist measurement can be helpful <u>because many people find themselves changing their muscle to fat as they go through midlife.</u> [본동사 O / X]

07 It is <u>because their communicative properties that intense debates continue over the true role of the arts in today's world.</u> [본동사 O / X]

음...... 뒤가 긴 것으로 봐서는 틀림없이 절이겠군.
내 생각 일뿐이야.... ㅎ

albatross 알바트로스 새 / unexcelled 타의 추종을 불허하는 / naval 해군의 / permanently 영구적으로 / cripple 절름거리게 만들다 / nonrenewable 재생이 안 되는 / associate 연관시키다 / properties 성질, 특징

01   Matching up the information about diet and movement, the researchers found that [during / while] the dry season some elephants ventured out of Samburu to eat tasty crops at a farm.

02   [Although / In spite of] the size of the job and the location differ, keeping a whole building and a single apartment clean and in good condition requires the same kind of work.

03   Most of the time we are unaware of what is happening in our bodies; usually it is only when we get sick [to notice / that we notice].

04   It wasn't until I took a British Literature course in college [that / which] I found out the origin of this act.

05   We study philosophy [because / because of] the mental skills it helps us develop.

06   Although air conditioning is the invention that keeps us cool and comfortable in the summer, it also has left many of us [psychological / psychologically] unprepared to deal with the outdoors.

07   These discoveries are making scientists more [confident / confidently] that it will be possible to see warning signs well before the next big eruption happens.

08   As one of the most productive composers, Schubert wrote music as [free / freely] as one would write a friendly letter.

09   A theory must be able to be tested. If it is tested again and again and is still found [useful / usefully], the theory is adopted.

---

venture 모험하다 / eruption 폭발, 분출

10 According to the study authors, when we're familiar with our spouse, it can be hard to separate our own preferences from [them / theirs] and we mistake things we'd like for things they'd like.

11 It never sees the means of escape at the top, but continues to try to find some way out through the sides near the bottom. It will seek a way where none exists, until it completely destroys [it / itself].

12 For instance, people often adopt clothing styles which distinguish [them / themselves] from the groups of people in their society.

13 The importance of rubber is that it is elastic. When you stretch a rubber band and let it go, its elasticity makes [it / itself] quickly spring back to its original shape.

14 Only the morally weak feel compelled to defend or explain [himself / themselves] to others.

15 A simple blood test can detect lead poisoning. Children who live in old houses should be tested regularly. If they are found to have lead in their bodies, children can be treated with medicines that remove [it / them].

16 It might be an argument with your spouse, a mistake, or a lost opportunity, but it is <u>highly</u>
①
likely that a year from now you are not going to care. It will be one more irrelevant detail

in your life. While this simple game will not solve <u>every</u> your problems, it can give you an
②

enormous amount of needed <u>perspective</u>. I find myself laughing at things that I <u>used to take</u>
③   ④

t far too seriously.

---

preference 선호 / elastic 탄력적인 / compel 강제하다 / lead 납 / irrelevant 관계없는

17 Using a tape measure to determine the distance a javelin <u>was</u> thrown <u>yields</u> very similar
①　　　　　②
results regardless of who reads the tape. By comparison, evaluation of performances such as

diving, gymnastics, and figure skating is more subjective — <u>although</u> elaborate scoring rules
③
help make <u>them</u> more objective.
④

18 The reason for the observation is that in the past, <u>making</u> uniformly flat glass was <u>almost</u>
①　　　　　　　　　　　　　　②
impossible. The technique used to make panes of glass was to spin molten glass so as to

create a round, <u>most</u> flat plate. This plate was then cut to fit a window. However, the
③
edges of the disk became thicker as the glass spun. When <u>installed</u> in a window frame, the
④
glass would be placed thicker side down for the sake of stability.

19 Researchers have determined that there is no leader or controlling force. Rather, the

individual fish or bird is reacting <u>almost</u> instantly to the movements of its neighbors in the
①
school or flock. <u>Any</u> individual can initiate a movement, such as a change in direction, and
②
this sends out a "maneuver wave," <u>which</u> spreads through the group at an <u>astounded</u> speed.
③　　　　　　　　　　　　　　④

20 ouis XⅣ of France wore specially made shoes with <u>5-inch</u> heels to show <u>himself</u> as a big
①　　　　　　②
ruler. Thomas Jefferson was the first U.S. president to wear lace-up shoes called 'Oxfords.'

He thought Oxfords as <u>democratic</u> because the French wore them during the French Revolution.
③
Oxfords of today <u>consider</u> dress or business shoes for men and sometimes even for women.
④

▶▶ 해설 181 p

javelin 투창 / yield 산출하다 / gymnastics 체조 / stability 안정 / school (물고기) 떼
/ maneuver 책략, 작전행동 / astound 놀라게 하다

CHAPTER

7

실전편

Problem-solving

01 Every one of us faces moments of criticism. The more successful you become, the more criticism you will receive. Only those who don't try anything (A) [remain / remains] forever above criticism. Being criticized is not a problem if you develop a positive way of dealing with it. Winston Churchill had put on the wall of his office the following words of Abraham Lincoln: "I do the very best I can. I mean to keep going. If the end turns out to be all right, then (B) [it / what] is said against me won't matter." Winston Churchill and Abraham Lincoln were severely criticized in their days, just as most of our public figures (C) [are / do] today. It takes a person of great courage to go ahead and do what he believes to be right when critics are howling against him.

02 Touring caravans are mobile homes which are connected to the back of your family car and (A) [tow / towed] to where you want to go. These caravans, which can have two to six beds, can be moved and many families enjoy (B) [to travel / traveling] from place to place on holidays. Many families can go anywhere they want if there is a camp site or caravan park open. Touring caravan parks have basic services such as shower blocks, toilet blocks, and perhaps a small shop. It is up to the family to make sure they have food, water, electricity, gas, and whatever else is needed (C) [during / while] their stay.

03 Fire safety is important. ① <u>Knowing</u> what to do if there is a fire can save your life. If there is a fire in your home, you must stay close to the floor and ② <u>leave</u> the building immediately. Touch closed doors slightly. Do not open them if they are hot. Do not stop ③ <u>taking</u> anything with you. Never go back into the burning house. Go to a neighbor's house to call the fire station. What if your clothes catch on fire? Well, if that ever happens, you might run as fast as you can. But running would actually make the fire ④ <u>get</u> worse because the air would cause the fire to get bigger and spread more quickly. Instead, you should immediately stop what you're doing and roll around on the wet floor until the fire ⑤ <u>goes</u> out.

04 A king had a bell ① <u>placed</u> in a high tower of his palace. He announced that he would ring the bell whenever he was happy so that his subjects could know of his joy. His subjects waited for the sound of the bell, but it remained ② <u>silent</u>. Days turned into weeks, and weeks into months, and months into years. But the sound of the bell never rang out ③ <u>to indicate</u> that the king was happy. The king grew very old and eventually was about to die in his bed. As some of his crying subjects gathered around him, he discovered ④ <u>that</u> he had really been loved by his subjects. At last, the king felt happy, so he reached up and ⑤ <u>pulling</u> the rope that rang the bell.

05   When I take my dogs for a walk, people sometimes tell me what good dogs ① they are. I offer
my hand and introduce myself. The way we humans introduce ourselves to each other by
shaking hands ② is quite careful compared to the way dogs introduce themselves. Dogs wave
their tails and sniff. I've heard that handshakes date back to medieval times, ③ when two people
moved toward each other with open hands to show they weren't carrying any weapons. There's
an explanation ④ that once you grab someone's hand it stops them from coming any closer.
It is true that we are much more suspicious of others than our dogs ⑤ do.

06   If you have pollen allergies, you probably want to be inside with the windows ① closed from
April through November. But that's no solution. Pets, kids, even your shoes – can all bring
pollen inside your house. Pollen can become trapped in carpet and clothes, ② where it can
increase your allergic responses. To protect yourself from pollen allergies, you need to open
your windows only when necessary and ③ running the air conditioning. And don't hang clothes
outside ④ to dry in the fresh air, because this will bring all the pollen inside with you. Finally,
take off your shoes right outside the door before coming inside. Or at least wipe ⑤ them well
outdoors on a mat.

07 One day, a man who lived on Long Island was able to satisfy his ambition by (A) [purchase / purchasing] for himself a very fine barometer. When the barometer arrived at his home, he was very disappointed to find that the needle seemed to be stuck, pointing to the mark "HURRICANE." After shaking the barometer very (B) [hard / hardly] several times, he wrote a letter to the store from which he had bought it. The following morning on the way to his office in New York, he mailed the letter. That evening, when he returned to Long Island, he found (C) [that / what] not only the barometer but also his house was missing. The barometer's needle had been right — there was a hurricane!

* barometer: 기압계

08 Most people write with their right hand. Some people use their left hand to write. Most likely, no one taught you which hand (A) [using / to use]. You were born right-handed or left handed. More than one out of every ten people are left-handed. They use their left hand when they open a door, eat with a spoon, and move a computer mouse. In the past, people thought (B) [that / what] left-handed people needed to change hands. They wanted lefties to switch to using their right hands. Teachers made students write with their right hands, even if that felt strange to them. Some lefties did change hands. (C) [A few / A little] became ambidextrous. That meant they could use both of their hands equally well.

09 After dropping off my husband at the airport for his business trip, I drove over a toll bridge on my way home only to find that I ① <u>had</u> left my purse at home. I was trapped at the toll booth, with a stream of traffic behind me, as I crazily searched the glove box, ② <u>hoping</u> to find some change. Finding no money in it, I was starting to get quite ③ <u>embarrassed</u>. The next thing I knew was ④ <u>what</u> the man from the car behind mine ran up and dropped the toll fee into the money bin. Before I had time to thank him, he went back to his car. Was it just that he didn't want to be held up, or was he my knight in shining armor? ⑤ <u>Either</u> way, I was very grateful for his help and generosity.

10 Reading allows students to see a lot of the language in context over and over again, helping them understand, remember, and (A) [use / using] it. It builds and strengthens knowledge of basic vocabulary and grammar. Reading is not the only way to learn a language. Most language scholars would agree that students still need to spend a lot of time practicing speaking, listening, and writing in order to become advanced in the language. However, (B) [add / adding] reading to your private studies can certainly do some great things for your language ability. Not only is reading (C) [effective / effectively], but it can also be a very enjoyable way to learn a new language. Give it a try and see what it will do for you.

90% 정답률 → Intermediate Level
90% 미만 정답률 → 이론 다시 공부 (1 chapter부터)

01 Alison said, "I think it's wrong for me to complain that people don't understand disability and then refuse to talk about my personal life. Telling my story is the best way I know to make issues I care about (A) [understanding / understood]." MY LIFE IN MY HANDS is Alison's story: from her mother's rejection at birth, to independence, a first class art degree, motherhood and critical success. Through the strength of her personality and the nurturing of her artistic talents, Alison was determined to live as (B) [full a / a full] life as possible. MY LIFE IN MY HANDS challenges our perceptions of disability by showing how Alison overcame pain, prejudice, violence and loneliness (C) [reached / to reach] a state of happy independence. It is an extraordinary and compelling story like no other.

02 Recently I was in my office, with a lot to do, when I got a phone call informing me that the electric company had cut off my power. Years ago, I would (A) [respond / have responded] to this petty annoyance with a pointless, immature outburst of anger. But since then I have learned that stress management is vital to health. So I hung up the phone, took a deep breath, exhaled slowly, and punched my table so hard that I could not make a fist for three days. Then using my other hand, I called the electric company, the automatic response system (B) [of which / which] must have been designed by some idiot. You must use your touch-tone phone to pass a lengthy multiple-choice test. This is the electric company's way of testing your worthiness as a customer. And you get put in line to speak with an actual customer service representative. While waiting, I kept my stress level down by calmly refining these (C) [citizen-irritated / citizen-irritating] measures. But I came to be told that I had not paid my bill.

03 In the 1960s, Richard Fosbury revolutionized the high jump by replacing the traditional approach to jumping with an innovative style that became ① <u>known</u> as the "Fosbury flop." In athletics, the challenge is to run faster, jump farther, and ② <u>leap</u> higher. In the high jump, as in every other athletic event, rules exist. However, no rule existed ③ <u>what</u> controlled how the athletes jumped over the bar. The high jumpers had gone over the bar face down until Fosbury thought outside the box and Fosbury flopped face up, ④ <u>revolutionizing</u> the high jump and dramatically increasing the height to which the athletes could leap. Since Fosbury set a new Olympic record at 2.24 meters in 1968, displaying the potential of the new technique, the "Fosbury flop" ⑤ <u>has been</u> the most popular high jumping technique.

04 The extra attention that the first-born receives — mostly in his first two years — carries over into his later relationship with his parents, (A) [though / despite] in different forms. Parents are not quite as easy-going with their first-born as they will be with the rest. Perhaps this is because, as new parents, they are not used to handling babies, and so often (B) [describe / describing] their first-born as less cuddly than the later-borns. Nevertheless first-borns do get more attention than later-borns. They more often model themselves on their parents than later-borns, (C) [who / they] are more likely to follow their friends. As first-borns tend to be more considerate, too, they can seem to be more old-fashioned and grown-up than other children.

05 People enjoy feeling scared and seek the feeling out because they know they are in no real danger. They understand the real risk of these activities is marginal, and (A) [because of / because] this underlying awareness they experience excitement rather than actual fear. This is why people enjoy wallang through a Halloween-themed haunted house. Most people are able to realistically gauge the actual level of threat that scary stimuli (B) [pose / are posed] to them, and, correspondingly, their safety level, For example, watching a horror movie gives no physical threat, with the minor psychological threat being (C) [that / what] the viewer might have nightmares as a result of seeing it. Therefore, most viewers feel safe watching such a film, and are excited by it, not truly afraid.

06 When induced to give spoken or written witness to something they doubt, people will often feel bad about their deceit. Nevertheless, they begin to believe (A) [what / that] they are saying. When there is no compelling external explanation for one' words, saying becomes believing. Tory Higgins and his colleagues had university students read a personality description of someone and then (B) [summarize / summarized] it for someone else who was believed either to like or to dislike this person. The students wrote a more positive description when the recipient liked the person. Having said positive things, they also then liked the person more themselves. (C) [Asked / Asking] to recall what they had read, they remembered the description as being more positive than it was. In short, it seems that we are prone to adjust our messages to our listeners, and, having done so, to believe the altered message.

07 We want to stop watching so much TV, but demonstrably, we also want to watch lots of TV. So what we really want, it seems, ① is to stop wanting. We ② are trapped deep in a paradox: deciding on the best course of action, then doing something else. The way around this is ③ to see that habits are responses to needs. This sounds ④ obvious, but countless efforts at habit change ignore its implications. If you eat badly, you might resolve to start eating well. However, if you are eating burgers and ice-cream to feel comforted, relaxed and happy, ⑤ try to replace them with broccoli and carrot juice is like dealing with a leaky bathroom tap by repainting the kitchen. What is required is not a better diet, but an alternative way to feel comforted and relaxed.

08 The energy which the sun radiates goes in every direction, and only a minute part of it falls on the earth. Even so, it offers power of approximately 5,000,000 horsepower per square mile per day; the sun gives us as much energy every minute (A) [as / than] mankind utilizes in a year. At present, we use this energy indirectly. Coal represents the chemical action of the sun on the green plants thousands of years ago. Water power results from the sun's creating vapor and its subsequent rain. Even windmills operate (B) [because / because of] air currents set in motion by the heating effects of the sun. Some day, we shall harness this titanic source of energy more directly. A scientist has already worked out an engine, (C) [which / in which] the sun's rays are concentrated through mirrors on a tube of water to create steam.

09 The maneuverability of a hummingbird's flight would make the designers of the most advanced military helicopters (A) [envious / are envious]. A hummingbird's wings are unique among birds. The wing's bone structure is like that of a human arm with fused elbow and wrist joints. The wings rotate and pivot at the shoulders. When a hummingbird hovers, it moves its fully extended wings forward and backward while pivoting the leading edge of the wing, thereby (B) [traces / tracing] a figure eight pattern parallel to the ground. A hummingbird's normal wing beat is about fifty to seventy times per second. During courtship flight, it sometimes flaps its wings so rapidly – about 200 times per second – (C) [as / that] it causes the hum which gave the bird its name.

* maneuverability: 기동성

10 A loyalist spy learned that George Washington and his small Continental Army ① <u>had</u> secretly crossed the Delaware River earlier on the day after Christmas in 1776, and were headed toward Trenton, New Jersey. The spy arrived at the home of merchant Abraham Hunt ② <u>where</u> the leader of the *Hessian army, Colonel Johann Rall, was drinking and playing cards. The colonel refused to break from his game of cards and demanded the spy ③ <u>handed</u> over the written message, which he promptly put in his vest pocket without reading. Colonel Rall was awakened the next day to the sound of gunfire and, ④ <u>having</u> no time to organize his troops, suffered a terrible defeat at the hands of Washington's army. He also suffered two wounds ⑤ <u>that</u> led to his eventual death the following day, and gave the Continental Army its first victory over the British.

* Hessian: (독립 전쟁 때 영국이 고용한) 독일 병정

11 Fieldwork is the hallmark of cultural anthropology. It is the way we explore and learn about the vast ① <u>detailed</u> intricacy of human culture and individual behavior. And it is, importantly, the way ② <u>in which</u> most cultural anthropologists earn and maintain their professional standing. Some of the early personal accounts of anthropologists in the field make fieldwork ③ <u>sound</u> exciting, adventuresome, certainly exotic, sometimes easy. Malinowski, the classic anthropological fieldworker, describes the early stages of fieldwork as 'a strange, sometimes unpleasant, sometimes intensely interesting adventure which soon ④ <u>adopts</u> quite a natural course.' He goes on to describe his daily routine of strolling through the village ⑤ <u>observed</u> the intimate details of family life, and as he tells it, such observations seem possible and accessible.

12 People behave as if chance events ① <u>were</u> subject to their influence. In one study, researchers asked two groups of office workers to participate in a lottery, with a $1 cost and a $50 prize. One group was allowed to choose their lottery cards, while the other group had no choice. Luck determined the probability of winning, of course, but that's not ② <u>how</u> the workers behaved. Before the drawing, one of the researchers asked the participants at ③ <u>what</u> price they would be willing to sell their cards to him. The average -offer for the group that was allowed to choose cards was close to $9, but the group that had not chosen ④ <u>asked</u> less than $2. People who believe that they have some control have the perception ⑤ <u>which</u> their odds of success are better than they actually are. People who don't have a sense of control don't experience the same bias.

13 An emergency fund is very handy when unexpected expenses arise. It is always advisable to have some money (A) [put / putting] away for a rainy day, as an emergency fund can supplement any temporarily foregone income or can be used for an infrequent purchase. Usually, financial experts advise that an emergency fund should be able to cover three to six months of living expenses. Emergency funds serve as a safety net (B) [where / which] one can afford to pay for living necessities that cannot be obtained through current income sources. So emergency funds should not be invested in risky places like the stock market. The volatility of the stock market makes (C) [it / them] impossible to guarantee that you will have sufficient funds if there is an emergency.

14 The tendency to form ties and to live out our lives in social networks ① has had an important effect on our development as a species. Social networks encouraged rapid growth in the size of our brains, which enabled us to acquire language and ② became the dominant species on the planet. At the same time, these biological changes have given us the capacity ③ to cooperate in large groups, even with complete strangers, to create magnificent and complex large-scale societies. Our connections – partly shaped by our genes but also profoundly influenced by our culture and our environment – are ④ remade every day. We choose our friends, develop cultural norms about social order, make and obey rules about whom we can date or marry, and react to events ⑤ affecting people around us, in part because we are equipped with empathy.

15 As a parent who frequently travels on airplanes, once we're up at a comfortable 30,000 feet, I pull out my laptop, (A) [which / on which] I have lots of pictures and videos of my kids. Inevitably, the person next to me peeks at the screen. If I perceive even the slightest interest from my neighbor, I start with a slide show of my little boy and girl, who are obviously the most adorable children in the world. Of course, I assume that my neighbor notices (B) [how / however] wonderful and unique they are. Sometimes, after having so enjoyed watching my kids, my viewing buddy suggests that I look at pictures of his kids. A minute or two into the experience, I find myself wondering, "What is this guy thinking? I don't want to sit here for twenty-five minutes (C) [look / looking] at pictures of strange kids I don't even know!"

16 A twelve-year-old Korean girl living in the United States was writing a letter of condolence to her grandmother in Korea because her grandfather ① had died. The girl was writing in Korean, but she was more used to ② thinking in English. She began by translating the sentence "I'm sorry that my grandfather died." literally into Korean. But then she stopped writing and ③ looked at that sentence. "That doesn't sound right," she said to her mother. "I didn't kill him." Because she was writing in a language that was not *second nature to her, this girl realized that an expression most people use ④ automatically in English had a different meaning when translated literally. "I'm sorry," ⑤ using figuratively to express regret, could be interpreted literally as meaning "I apologize."

17 All relationships are governed by cultural rules that tell us how to behave in relation to each other so that social interaction is safe and productive. We call this good manners or etiquette. Underneath this surface level of apparent behavior (A) [lie / lies] powerful rules that must be followed for society to work at all. Some of these rules vary according to the situation, but in any given culture there will be a set of universal rules that, if violated, cause the person to (B) [isolate / be isolated]. When they are violated in an ongoing interaction we become offended, embarrassed, or suspicious that the relationship is not good. In the helping relationship, this may result in a lack of trust or hurt feelings (C) [if / which] the client felt that no help was provided or the helper felt refused or ignored.

18 If I could give any piece of advice that I feel (A) [would / it would] make a difference in people's lives, it would be to ask yourself, "Does this really matter?" Before wasting time, effort, and energy on mundane trivialities, (B) [try / trying] to spend some time each day asking yourself, "What really matters most to me and will transform who I am and who I want to be?" Great people have demonstrated one consistent trait. That is the ability to focus all their energy and their entire being on the elements of their life that they consider (C) [important / importantly]. When we do this, we can live our lives "on purpose" instead of as a random generality that is subject to every whim of people and circumstances.

19 Wolfgang Mozart, one of the all-time geniuses of musical composition, was told by Emperor Ferdinand that his opera The Marriage of Figaro was 'far too noisy' and contained 'far too many notes.' Artist Vincent van Gogh, (A) [whose / his] paintings now set records for the sums they bring at auctions, sold only one painting in his lifetime. Thomas Edison, the most prolific inventor in history, was considered unteachable as a youngster. All great achievers are given multiple reasons to believe they are failures. But in spite of that, they persevere. Like many people, you may have a hard time maintaining a positive mind-set and (B) [prevent / preventing] yourself from feeling like a failure. But know this: It is possible to cultivate a positive attitude about yourself, no matter what circumstances you find yourself in. Let your positive attitude, not circumstances or past failures, (C) [determine / determines] how you view yourself.

20 How can we best define success? Does it simply mean that there was a task before us that anyone could accomplish? If that is the case, then we can call walking down the driveway and (A) [collect / collecting] the mail a success. Yet, success means so much more. Success comes when we face a challenge and struggle against all odds to succeed. Historically, success often (B) [followed / was followed] a series of failures. For example, Abraham Lincoln suffered a big defeat in the first election he ever entered, and was considered a poor and bumbling speaker. Yet, he became one of our greatest presidents, (C) [what / whose] speeches are still regarded as masterpieces of political persuasion. It is important to study our failures, learn from them, and then make a new attempt.

01 틀린 곳을 찾아 고치시오. [4곳]

The concept of humans doing multiple things at a time has been studied by psychologists since the 1920s, but the term "multitasking" didn't exist until the 1960s. It was used to describe computers, not people. Back then, ten megahertz was so fast that a new word was needed to describe a computer's ability to quickly perform many tasks. In retrospect, they probably made a poor choice, for the expression "multitasking" is inherently deceptive. Multitasking is about multiple tasks alternately sharing one resource (the CPU), but in time the context was flipped and it became interpreted to mean multiple tasks are done simultaneously by one resource (a person). It was a clever turn of phrase that's misleading, for even computers can process only one piece of code at a time. When they "multitask," they switch back and forth, alternated their attention until both tasks are done. The speed which computers tackle multiple tasks feeds the illusion that everything happens at the same time, so comparing computers to humans can be confused.

02 틀린 곳을 찾아 고치시오. [3곳]

During the early stages when the aquaculture industry was rapidly expanding, mistakes were made and these were costly both in terms of direct losses and in respect of the industry's image. High-density rearing led to outbreaks of infectious diseases that in some cases devastated not just the caged fish, but local wild fish populations too. The negative impact on local wildlife inhabiting areas closely to the fish farms continues to be an ongoing public relations problem for the industry. Furthermore, a general lack of knowledge and insufficient care is taken when fish pens were initially constructed meant that pollution from excess feed and fish waste created huge barren underwater deserts. These were costly lessons to learn, but now stricter regulations are in place to ensure that fish pens are placed in sites which there is good water flow to remove fish waste. This, in addition to other methods that decrease the overall amount of uneaten food, has helped aquaculture to clean up its act.

03 틀린 곳을 찾아 고치시오. [4곳]

According to a renowned French scholar, the growth in the size and complexity of human populations was the driving force in the evolution of science. Early, small communities had to concentrate all their physical and mental effort on survival; their thoughts were focused on food and religion. As communities became larger, some people had time to reflect and debate. They found that they could understand and predict events better if they reduce passion and prejudice, replacing these with observation and inference. But while a large population may have been necessary, in itself it was not sufficient for science to germinate. Some empires were big, but the rigid social control requiring to hold an empire together was not beneficial to science, just as it was not beneficial to reason. The early nurturing and later flowering of science required a large and loosely structured, competitive community to support original thought and freewheeling incentive. The raise in commerce and the decline of authoritarian religion allowed science following reason in seventeenth-century Europe.

04 틀린 곳을 찾아 고치시오. [3곳]

Exactly how cicadas keep track of time have always intrigued researchers, and it has always been assumed that the insects must rely on an internal clock. Recently, however, one group of scientists working with the 17-year cicada in California have suggested that the nymphs use an external cue and that they can count. For their experiments they took 15-year-old nymphs and moved them to an experimental enclosure. These nymphs should take a further two years to emerge as adults, but in fact they took just one year. The researchers had made this happen by lengthening the period of daylight to which the peach trees on which roots the insects fed were exposed. By doing this, the trees were "tricked" into flowering twice during the year rather than the usual once. Flowering in trees coincides with a peak in amino acid concentrations in the sap that the insects feed on. So it seems that the cicadas keep track of time by counting the peaks.

　　* nymph: 애벌레　　** sap: 수액

05 틀린 곳을 찾아 고치시오. [4곳]

Research has shown that we automatically assign to good-looking individuals such favorable traits like talent, kindness, honesty, and intelligence. Furthermore, we make these judgements without being aware that physical attractiveness plays a role in the process. Some consequences of this unconscious assumption that "good-looking equals good" scares me. For example, a study of the 1974 Canadian federal elections found that attractive candidates received more than two and a half times as many votes as unattractive candidates. Despite such evidence of favoritism toward handsome politicians, follow-up research demonstrated that voters did not realize their bias. In fact, 73 percent of Canadian voters surveying denied in the strongest possible terms that their votes have been influenced by physical appearance; only 14 percent even allowed for the possibility of such influence. Voters can deny the impact of attractiveness on electability all they want, but evidence has continued to confirm its troubling presence.

06 틀린 곳을 찾아 고치시오. [5곳]

A friend of mine was sitting in the Miami airport read a magazine while she waited to catch a plane to New York. Her attention was distracted by a rough, noisy quarrel being taken place at the ticket counter. "But I must get to New York today!" an angry lady hotly told the clerk. "I'm sorry, ma'am, but there are no more seats available," came the reply. "But my eight-years-old daughter is on that plane. I can't let her fly into New York City all by herself," she cried. "Sorry, lady. The flight is full," came the same answer. My friend had been watching and listening to the woman's woeful story, and her heart was touched with compassion for the distressing mother. She walked over to the ticket agent and offered to take a later flight, if it meant the woman could use her ticket to travel to New York with her daughter. The agent welcomed my friend's solution and quickly issued a revalidated ticket to the woman, and then arranged for another flights for my friend.

07 틀린 곳을 찾아 고치시오. [3곳]

Here is an uncomfortable math problem: By 2045 Earth's population will like have swelled from seven to nine billion people. To fill all those stomachs — while account for shifting consumption patterns, climate change, and a finite amount of farmland and drinkable water ---some experts say global food production will have to double. How can we make the numbers add up? Julian Cribb, author of The Coming Famine, says higher yielding crop varieties and more efficient farming methods will be crucial. So does waste reduction. Cribb and other experts urge cities to reclaim nutrients and water from waste streams and preserve farmland. Poor countries, they say, can improve crop storage and packaging. And rich nations could cut back on resource-intensive foods like meat. In fact, wherever easy access to cheap food means people buy more than they consume, we could all start by shopping smarter — and cleaning our plates.

08 틀린 곳을 찾아 고치시오. [3곳]

Not all authors trusted that the theater audience would automatically understand their plays in the intended manner. Thus, they repeatedly attempted to make this clear to their public that visiting the theater was not merely for the purpose of entertainment, but rather to draw lessons from the play offering onstage. It was, therefore, important for the viewer to create a distance from the actions on the stage so as to facilitate interpretation of the content. This idea was developed by Bertolt Brecht with his 'epic theater,' which used alienation as a strategy to prevent the identification of the public with the figures of the drama. Through scattered narration and commentary throughout the play, for example, the viewers are invited to take a step back from the performance. In this way, they are given hints to better understand the play while the conclusion is left open so as to leave them draw their own conclusions.

09 틀린 곳을 찾아 고치시오. [3곳]

One of the most painful signs of the lack of readiness for the tsunami in the Indian Ocean in 2004 was the enthusiasm of children, who rushed excitedly down to the beach to gather fish during the initial retreat of water. Those ill-fated children had no idea that the sea's strange retreat meant. No one knew because nothing like that had happened in alive memory except for the 1883 tsunami disaster in the Indian Ocean. After the 19th century disaster, experts called for a tsunami warning system in the Indian Ocean similar to the successful one now operating in the Pacific. If such a system had been up and running in the Indian Ocean, many of the thousands of lives lost in places relatively distant from the center of the earthquake might be saved.

10 틀린 곳을 찾아 고치시오. [3곳]

The true champion recognizes that excellence often flows most smoothly from simplicity, a fact can get lost in these high-tech days. I used to train with a world-class runner who was constantly hooking him up to pulse meters and pace keepers. He spent hours collecting data that he thought would help him improve. In fact, a good 25 percent of his athletic time was devoted to externals other than working out. Sports became so complex for him that he forgot how to enjoy himself. Contrast his approach with those of the late Abebe Bikila, the Ethiopian who won the 1960 Olympic Marathon running barefoot. High-tech clothing and digital watches were not part of his world. Abebe Bikila simply ran. Many times in running, and in other areas of life, less is more.

11 틀린 곳을 찾아 고치시오. [4곳]

It was Mary's thirteenth birthday. It was also her first birthday at her uncle's house. Everyone brought out gifts for Mary: stockings from Elena, a purse from Steve, and a pair of very old silver earrings from Chris, who said she has had them since she was a little girl. Uncle Jack gave a lengthy speech about what Mary was like a daughter to him and to Aunt Barbara. And then, he handed her an envelope which was tucked a fifty-dollar bill. Mary was to buy herself some new clothes with Aunt Barbara's help and advice. A miracle! So many presents and so much money all at once made her eyes shone. She wanted to kiss everybody.

12 틀린 곳을 찾아 고치시오. [3곳]

Discussing gender role differences drops you straight into the heart of what is politically right or wrong. Some people say that even looking for these differences reveal a sexist mind that is looking for ways to continue the historical injustice that women have suffered. There is no doubt at all about the reality of the oppression of women, and the last thing I want is to continue this. Nor do I want to oppress men, who has been the aim of some authors. Questions about gender role differences can still be asked without aiming to oppress neither sex. Sexism, it could be said, occurs when an individual man or woman is judged to be x or y, just by their sex.

13 틀린 곳을 찾아 고치시오. [3곳]

Though the commonly held notion that dampness makes joint pain worse, medical research has found no relationship between arthritis pain and the weather. High dampness, meaning lots of moisture on the surface of things, and high humidity, meaning a large amount of moisture in the air, are the characteristics that, many people think, cause their arthritis to worsen. But patients do not experience an increase in their symptoms when bathing or swimming, which could be considered a similar environmental situation. High pressure may not be the cause, too. Patients easily handle the same increase in pressure during flight as would occur during a storm. Common beliefs reveal more about the workings of the mind than that of the body.

14 틀린 곳을 찾아 고치시오. [2곳]

Traditional consumption was not particularly thrift. The concept of thrift emerged out of a more affluent money culture. In traditional societies where resources continued to be scarce, consumption was more seasonally and communally orientated. In years of bountiful crops people ate heartily, and in lean years they starved. People were not particularly motivated to produce more goods for stockpiling, as there was a little incentive to do so where there was little security from raids. When times were good, celebrations of gluttony were held in the winter season when stocks could not be refilled. These rituals were more important than the potential hardships such celebrations might later bring, as they served to bind people together and distribute resources. Holiday rituals were typically structured around cultural practices such as song, dance, theater, and feasting, and took a great number of time away from work.

15 틀린 곳을 찾아 고치시오. [2곳]

Plato and Tolstoy both assume that it can be firmly established that certain works have certain effects. Plato is sure that the representation of coward people makes us cowardly; the only way to prevent this effect is to suppress such representations. Tolstoy is confident that the artist who sincerely expresses feelings of pride will pass those feelings on to us; we can no more escape than we could not escape an infectious disease. In fact, however, the effects of art are neither so certain nor so direct. People vary a great deal both in the intensity of their response to art and in the form which that response takes. Some people may indulge fantasies of violence by watching a film instead of working out those fantasies in real life. Others may be disgusted by even glamorous representations of violence. Still others may be left unmoved, neither attracted nor disgusted.

16 틀린 곳을 찾아 고치시오. [3곳]

The urbanization of Britain improved the nation's economy in what it moved workers from regions with low-productivity work to factories with high-productivity work. For individuals, however, moving to the city was like a lottery. A few people found themselves better off, but most people were poorer in every way. Living conditions was terrible; disease was spreading quickly. An outbreak of cholera in 1849 killed nearly 13,000 people in London. The tragic conditions pointed out by many critics to produce measures to clean up the cities.

17 틀린 곳을 찾아 고치시오. [2곳]

The university catalog can be used to help the freshman who is confused by university life. It is revised every year in order that it will be up-to-date. First of all, there is in this catalog a list of all the courses which are offered by the university. These courses are arranged alphabetical by each department in order that the student may choose which courses he wants to take. It is also from this list of courses of each department while a degree plan for the student can be devised, which will be within the limits of the regulations of the university.

18 틀린 곳을 찾아 고치시오. [2곳]

Making your home safe for a toddler requires a careful planning. Every home contains many things that are tempting to small children. Experts have proposed many useful ideas that can safely protect them. Most important, all medicines and cleaning products should be stored in locked boxes. Kitchen appliances like a gas range, and toaster should have automatic safety devices so children can't turn it on, and drawers in the bathroom and kitchen should have special devices that make it impossible for kids to open them. Also, electrical outlets should be covered with a mechanism whose snaps shut during not in use. Finally, it is a good idea to buy tables and other furniture with round edges to avoid injuries if a toddler falls into them.

19 틀린 곳을 찾아 고치시오. [3곳]

A sociologist tells of a case of Arab villagers who refused to let outsiders clean up a water hole contaminated with typhoid and installed a pump. The reader may wonder what there was about having a nice clean water supply that violated the formal norms of Arab villagers. Strangely as it seems to us, Arab villagers like the water they drink. It has a strong taste which it gets from the camels. They think the water they drink to be almost sacred. If the men of a given village are strong or brave or fertile or smart, it is because of the water they drink. In some parts of the Arab world it is considered unman to drink clean water. The villagers saw no relationship between the disease making some of them sick and the water that made their men strong.

20 틀린 곳을 찾아 고치시오. [3곳]

In regard to firewalking, people have speculated that there are supernatural powers over pain and heat, or mysterious brain chemicals what prevent burning and pain. In fact, as long as you don't stand around on the coals, you will not get burned. Think of a cake in a 230℃ oven. The air, the cake and the pan are all at 230℃, but only the metal pan will burn your hand. Air has very low heat capacity and also low conductivity, so you can put your hand in the oven enough long to touch the cake. The heat capacity of the cake is a lot higher than air, but since it has low conductivity you can briefly touch it without getting burned. The metal pan has a heat capacity similarly to the cake, but high conductivity. If you touch it, you will get burned.

해답 및 해설

Answers

Chapter 1. 본동사

1. 본동사 VS. 준동사

진단 테스트 정답 becoming → become

Organs can begin to fail, / tissues change in structure, / and the chemical reactions that power the body become less efficient.
몸의 기관은 실패하기로 시작할 수 있고, / 세포조직은 구조상 바뀌고, / 그리고 몸에 동력을 주는 화학 반응은 덜 효율적으로 된다.

해설 [that power the body]는 앞의 선행사 reactions를 꾸며주는 주격 관계대명사절이다. 그러므로 becoming이 본동사 역할을 할 수 없으므로 become으로 바뀌어야 한다.

Exercise

01 It is wrong to depend on others entirely.
　　　　　　　　　V
타인에게 전적으로 의존하는 것은 잘못이다.

02 The climbers searched for the fastest route to summit.
　　　　　　　　V
그 등반가들은 정상으로 가는 가장 빠른 길을 찾았다.

03 To complete something requires us to focus.
　　　　　　　　　　　　V
무언가를 완성하는 것은 우리에게 집중할 것을 요구한다.

04 She forgot putting her cellular phone in the drawer.
　　　　　V
그녀는 그녀의 핸드폰을 서랍에 둔 것을 잊었다.

05 To read many books, he has split his schedule into minutes.
　　　　　　　　　　　　V
많은 책을 읽기 위해서 그는 계획을 분 단위로 쪼갰다.

06 The expedition circled around, disoriented by fog.
　　　　　　　　V
그 탐험대는 안개에 의해 길을 잃어 주변에서 뱅뱅 돌았다.

07 The audience couldn't leave the theater, all of them being impressed by the movie.
　　　　　V
그 관객들은 모두 그 영화에 감동을 받아서 극장을 떠날 수가 없었다.

08 To live hard, enjoy hard, and help others hard is my life motto.
　　　　　　　　　　　　　　　　　　　　V
열심히 살고, 열심히 즐기고, 열심히 타인을 돕는 것이 나의 인생의 표어이다.

09 The plane landed on runway, after flying ten minutes.
　　　　　　　V
그 비행기는 10분 간 비행한 후에 활주로에 착륙했다.

10 To plan something is one thing; to carry it out is another.
　　　　　　　　　V　　　　　　　　　　　V
무언가를 계획세우는 것과 그것을 실행하는 것은 별개의 일이다.

2. 관계대명사절의 후치수식

진단 테스트 정답 achieving → achieve

Persons who are daring in taking a wholehearted stand for truth / often achieve results / that surpass their expectations.
진리를 향한 전심어린 입장을 취하는 데 있어서 대담한 사람들은 / 종종 결과를 성취한다. / 그들의 기대감을 능가하는

해설 [who are daring in taking a wholehearted stand for truth]가 앞의 선행사 Persons를 꾸며주는 관계대명사 절이다. 그러므로 achieving이 본동사 achieve로 바뀌어야 한다.

Exercise

01 People who suffer from environmental illness having allergies.
　　　　　　　　　　　　　　　　　　　　　　　　→ have
환경의 질병으로 고통 받는 사람들은 알레르기를 갖고 있다.

02 The thing which is used in economy to be currency.
　　　　　　　　　　　　　　　　　　　→ is
경제에서 사용되는 것은 화폐이다.

03 Many Americans who approach retirement wanting to continue working.
　　　　　　　　　　　　　　　　　　　　→ want
은퇴에 접근하는 많은 미국인들이 계속 일하는 것을 원한다.

04 Anger which is felt in irritable mood lasting longer.
　　　　　　　　　　　　　　　　　　→ lasts
짜증난 기분에서 느껴진 분노는 더 오래 지속된다.

05 All it takes to disorient most people outdoors being a dense mist and a few unplanned turns.
　　　　　　　　　　　　　　　　　　　　　→ is

「all」 이 주어로 사용될 때
「모든 사람들」로 해석될 때만 복수예요.

대부분의 사람들을 야외에서 방향을 잃게 하는데 필요한 전부는 짙은 안개와 몇 번의 계획에 없던 방향전환이다.

06 The birds which want to stay in warm regions migrates from north.
　　→ migrate
따뜻한 지역에서 머물기를 원하는 새들은 북쪽으로부터 이동한다.

07 The woman who plans to have professions postponing marriage.
　　　　　　　　　　　　　　　　　　　　→ postpones
전문직업을 가질 계획을 하는 여성은 결혼을 미룬다.

08 The young people who use tanning machine increasing the incidence rate of skin cancer.　　　→ increase
태닝 기계를 사용하는 젊은 사람들은 피부암 발생률을 증가시킨다.

09 The people who eat a variety of foods to live longer.　　→ live
다양한 음식을 먹는 사람들은 더 오래 산다.

10 The beliefs many people stick to without grounds called superstitions.
→ are called
많은 사람들이 근거없이 집착하는 믿음은 미신이라고 불려진다.

3. 분사의 후치수식

진단 테스트　정답 recalls → recalling

The figure of gladiators recalling the ideas of strength and efficiency / looked like a perfect fighting machine.
힘과 효율성의 개념을 생각나게 하는 검투사들의 형상은 / 완벽한 싸움의 기계처럼 보였다.
해설　본사는 looked 이므로 recalls는 본동사가 아닌 분사 형태로 전환 되면서 앞의 주어를 꾸며주게 된다.

Exercise

01 People experiencing huge losses to report feeling worse.　　　　→ report
거대한 상실을 경험한 사람들은 기분이 악화되었음을 보고한다.

02 The organization made up of several branches being located at Paris.　　　　→ is
몇 개의 지점으로 구성된 그 조직은 파리에 위치해 있다.

03 The people irritated by styrofoam being rubbed frowning.
→ frown
문질러지는 스티로폼에 의해 짜증난 사람들이 얼굴을 찌푸린다.

「by being rubbed」 구조에서
「styrofoam」 은 의미상의 주어로 보면 돼요.

04 The worst drought recorded in Russia destroying crops.
→ destroyed
러시아에서 기록된 최악의 가뭄은 작물을 파괴했다.

05 The spokesman announcing the agreement refusing to be asked.　　　　→ refused
그 합의를 발표한 대변인은 질문 받기를 거부했다.

06 The storm coming towards woods made by a wizard.
→ was made
숲을 향해서 오고 있는 그 폭풍은 마법사에 의해 만들어 졌다.

07 The celebration felt around the room spreading to other sections.　　　　→ spread
그 방 주변에서 느껴진 축하는 다른 구역으로 퍼졌다.

08 The economic boom caused by government resulting in inflation.　　　　→ resulted
정부에 의해 유발된 경제적 호황은 인플레이션을 초래했다.

09 The goods manufactured in other countries imported.
→ are imported
다른 나라에서 제조된 상품은 수입된다.

10 The novelist admired by many people copying some sentences from other authors.　　　→ copied
많은 사람들에 의해 감탄 받던 그 소설가는 몇 개의 문장을 다른 작가로부터 베꼈다.

4. 기타 후치수식

진단 테스트　정답 were → was

One of the exercises we were given / was to make a list of the ten most important events of our lives.
우리에게 주어진 연습 중 한 가지는 / 인생의 열 가지 가장 중요한 사건의 목록을 만드는 것이었다.
해설　[we were given]은 앞에 목적격 관계대명사 that(which)가 생략된 형태이므로, 앞의 명사 exercises를 꾸며준다. [of the exercises]는 앞의 one을 다시 꾸며주므로 결국 주어는 one이 된다.

Exercise

01 One of the greatest benefits of club activity being meeting new people.　　　　→ is
클럽 활동의 가장 큰 혜택 중의 하나는 새로운 사람들을 만나는 것이다.

02 The most primitive part of brain to be brainstem around spinal cord.　　　　→ is
두뇌의 가장 근원이 되는 부분은 척수 주변의 뇌간이다.

03 The inhabiting areas close to the river being flooded frequently.　　　　→ are
그 강 가까이에 있는 거주 지역들은 빈번하게 범람된다.

04 This, in addition to other methods to reduce uneaten food, having helped aquaculture to clean up its waste.
→ has

먹지 않은 음식을 줄이기 위한 다른 방법들 이외에도 이것은 양식장이 폐기물을 깨끗이 하는데 도움을 주었다.

05 One in four toilets sold today being still water-wasting model.
→ is

오늘날 판매되는 네 대의 변기 중 한 대는 여전히 물을 낭비하는 모델이다.

06 As the number of cells in your body becoming greater, you grow bigger.
→ becomes

여러분 몸에 있는 세포의 수가 커지면서 여러분도 커지게 된다.

07 'Morgan park' far away from the city being a great place to see sunset.
→ is

도시에서 멀리 떨어진 '모건 파크'는 일몰을 보기에 좋은 장소이다.

08 The screws of the doorknob in the bathroom to be loose.
→ are

욕실에 있는 문손잡이의 나사들이 느슨하다.

09 The lights just below the first step of ascending stairs is placed there to guide careless escalator passengers.
→ are

올라가는 계단의 첫 계단 바로 밑에 있는 전구들은 부주의한 에스컬레이터 탑승객들을 인도하기 위해 거기 위치해 있다.

10 The union in harmony with management placing more importance on productivity.
→ places

경영진과 조화를 이루는 노동조합은 생산성에 더 큰 중요성을 둔다.

✓ 실전 문제

01 정답 constitutes

Everything we are afraid to try, / all our unfulfilled dreams, / constitutes a limitation on what we are and could become.

우리가 시도하기 두려운 모든 것 / 즉 모든 우리의 성취되지 못한 꿈들이 / 현재의 우리 모습과 우리가 변화될 수 있는 모습에 한계를 구성한다.

해설 문장의 주어는 everything이고 본동사 constitutes가 필요하다.

02 정답 were

When Parliament decided, in 1709, to create a law / that would protect books from piracy, / the London-based publishers and booksellers / who had been pushing for such protection / were overjoyed.

책을 해적(표절 등 무단사용) 으로부터 보호해 줄 / 1709년 의회가 새로운 법을 만들기로 결정했을 때 / 런던에 근거를 둔 출판업자들과 서적판매업자들은 / 그런 보호를 위한 압력을 넣어왔던 / 크게 기뻐했다.

해설 주어는 publishers and booksellers이므로 동사는 복수 취급해야 한다.

03 정답 is

The dictionary defines compassion / as a "deep awareness of the suffering of another coupled with the wish to relieve it," / but the only way / we can gain a deep awareness of the suffering of others / is by having suffered ourselves.

사전은 동정을 정의한다 / 그것을 덜어주려는 소망과 결합된 다른 이의 고통에 대한 깊은 자각으로써 / 그러나 유일한 방법은 / 우리가 다른 이들의 고통에 대한 깊은 자각을 얻을 수 있는 / 고통 받는 자신을 가져봄이다

해설 but이하의 주어는 way이므로 단수 취급한다.

04 정답 is

Creativity expert Michael Michalko writes on his blog at Psychology Today / that the most important thing / students should be taught / is that everyone "is born a creative, spontaneous thinker."

창조성 전문가 Michael Michalko는 Psychology Today에서 자신의 블로그에 글을 쓴다 / 가장 중요한 것은 / 학생들이 배워야 하는 / 모든 이가 "창조적이고 자발적인 생각하는 사람으로 태어난다는 것이다."

여러 개가 나열된 상태구먼..... 복수인거 알~쥐? 흑

해설 thing 이 주어인데, 본동사가 필요한 상황이므로 is이다.

05 정답 **becomes**

The knowledge of economists / who study stock prices, interest rates, market dynamics, and so on / often becomes obsolete in a few days or even a few hours.

경제학자들의 지식은 / 주식가격, 이자율, 시장의 역동성 등을 연구하는 / 종종 며칠 혹은 심지어 몇 시간 안에 쓸모없어진다.

해설 주어는 knowledge이므로 동사는 becomes로 한다.

06 정답 **piled**

The skull, dating back perhaps 2,500 years, / was among many human bones / piled inside several burial caves.

아마도 2,500년 뒤로 연대가 올라가는 그 두개골은 / 많은 인간의 뼈 중에 있었다 / 몇 개의 매장용 동굴 안에 쌓여 있는

해설 전체 문장의 본동사는 was 이다. 그러므로 더 이상 본동사는 필요 없는 상황이고 앞의 명사 bones를 꾸며주는 분사는 가능하다. '뼈'를 기준으로 볼 때 '쌓여지는' 것이므로 수동의 의미를 갖는 과거분사가 정답이다.

07 정답 **meant**

A general lack of knowledge and insufficient care being taken / when fish pens were initially constructed / meant / that pollution from excess feed and fish waste created huge barren underwater deserts.

지식의 전반적인 부족과 취해진 불충분한 주의는 / 어장이 처음에 건설될 때 / 의미했다 / 초과된 먹이와 물고기 노폐물에서 나온 오염이 거대하고 황량한 수중의 사막을 만든다는 것을

해설 주어 (lack and care)에 적합한 본동사를 찾아야 한다. when 절이 추가됨으로 본동사 meant 는 더욱 뒤로 가게 되었다.

08 정답 **devoted**

One more thing you need to do / is to join a club / devoted to mathematics.

여러분이 할 필요가 있는 한 가지 일은 / 동아리에 가입하는 것이다 / 수학에 헌신하는

해설 본동사 is는 확실하고 이제는 더 이상 본동사가 나오면 안 된다. 그러므로 devotes는 탈락이다. 단 devoting을 쓰지 않는 이유는 '헌신하다' = 'devote oneself to'(수동형= be devoted to)이기 때문이다. ~ club [which is] devoted to ~

09 정답 **is**

The most critical contribution / democratic theory and practice can make to people / is the restoration of a sense of self.

가장 결정적인 공헌은 / 민주적인 이론과 실천이 국민들에게 할 수 있는 / 자아의 개념의 복원이다.

해설 contribution 과 democratic theory 부분의 연결이 자연스럽지 못하다. 이런 경우엔 사이에 관계대명사 목적격이 생략된 것이다. 결국 주어는 contribution 이므로 단수 취급한다.

10 정답 **evaluating**

A measurement system is objective to the extent / that two observers evaluating the same performance / arrive at the same measurements.

평가 시스템은 그 정도까지 객관적이다 / 똑같은 공연을 평가하는 두 관찰자가 / 똑같은 측정에 도달하는

해설 that 절의 본동사는 arrive 이므로 더 이상 본동사가 나타나면 안 된다.

11 정답 **is**

In fact, everything that people post / is automatically licensed to E-World / for its transferable use, distribution or public display.

사실 사람들이 올리는 모든 것은 / E-World에 자동으로 권한이 넘어간다 / 그 이전할 용도 보급 혹은 공공 전시에 대한

해설 that people post는 everything을 꾸며주는 관계절이므로 본동사 is 가 필요하다.

12 정답 **dressed**

A gate blocks the excited bulls from a group of nervous runners, / each of them dressed in spotless white clothes / with a red handkerchief carefully tied at the neck.

문이 흥분한 황소들을 긴장한 달리는 선수로부터 차단했다 / 그들 각각은 얼룩하나 없는 흰 옷을 입은채 / 빨간 손수건을 목에 조심스레 묶은 채

해설 each of them이 앞의 주어와 표현이 달라 생략되지 못한 것이다. 분사구문이므로 dressed가 정답. each of whom 이었다면 본동사 was dressed가 나올 수 있다.

13 정답 **extends**

I feel strongly / that the confidence that comes from knowing / you are able to express yourself / with clarity and ease / extends into all areas of your life / and makes you more proud and complete.

나는 강하게 느낀다 / 아는 것에서 나오는 확신이 / 당신이 자신을 표현할 수 있다는 / 명료하고 쉽게 / 당신 삶의 모든 영역으로 확장된다는 것을 / 그리고 당신을 더욱 자부심 있고 완전하게 만든 다는 것을

해설 confidence를 관계절 that 이하가 꾸며주고 있다. 이제는 본동사 (extends)가 나올 차례.

14 정답 **remarked**

Everyone praised Columbus for his achievement / but one man in the party, / jealous of Columbus, / remarked / that what Columbus did was not a great achievement but a fortunate accident.

모두가 콜럼버스의 업적에 대해 칭찬했다 / 그러나 그 모임에 있던 한 사람이 / 콜럼부스를 질투하여 / 언급했다 / 콜럼버스가 한 것은 위대한 업적이 아니라 운 좋은 우연이었다고

해설 주어는 one man인데 동사는 remark(언급하다)이므로 수동태가 나올 이유가 없다.

15 정답 **perform**

They found / people who dream about a new task / perform it better on waking / than those who don't sleep or dream.

그들은 발견했다 /새로운 임무에 대해서 꿈을 꾼 사람들은 / 깨어났을 때 그 것을 더 잘 수행한다는 것을 / 잠자거나 꿈꾸지 않은 사람들 보다

해설 who 이하가 people를 꾸며주는 후치수식이므로 이젠 본동사가 나올 차례이다.

16 정답 ④

Professor Millar said, / "What we need now / is an investor to enable us / to bring this device to as many dental surgeries as possible / and help people / whose fear of visiting the dentist / stop [→ stops] them from seeking the oral healthcare they need.

밀러 교수가 말했다 / 우리가 지금 필요한 것은 / "우리를 가능하게 해주는 투자자이다" 라고 / 이 장치를 가능한 많은 치과 수술실에 가져다 줄 / 그리고 사람들을 도울 / 그들의 치과가는 두려움이 / 그들이 필요한 구강 진료를 찾지 못하도록 막는

『people』에 맞춰 주는 거 알지? ㅎㅎㅎ

해설 whose 관계대명사절의 주어는 fear 즉 단수이므로 stops로 바뀌어야 한다.

17 정답 ④

A study of New York City's pioneering law / on posting calories in restaurant chains / suggests 암시한다 / that when it comes to decide [→ deciding] what to order / people's stomachs are more powerful than their brains.

뉴욕 시의 선구적인 법에 대한 연구가 / 식당 체인점에 칼로리를 부착하는 것에 대한 / 무엇을 주문할지 결정하는 것에 관하여 / 사람들의 위가 두뇌보다 더 강력하다고

해설 "when it comes to"에 사용된 to는 전치사이므로 동사원형이 올 수 없고 (동)명사 처리해야 한다.

18 정답 ④

The idea that many workers reaching their mid and late 60s think / they are too young to retire / and may have no choice but to keep working / are [→ is] not particularly new.

60대 중반과 후반에 도달한 많은 근로자들이 생각한다는 생각은 / 그들이 은퇴하기엔 너무 젊다라는 / 그리고 계속 일하는 것 이외에는 선택이 없다라는 / 특별히 새로운 것이 아니다

해설 전체 문장의 주어는 idea이고 that 절로 인해서 본동사가 뒤로 밀렸다. 당연히 단수 취급해야 한다.

19 정답 ①

They also say / that among the electric dryers /, the model in which [→ which] rapidly strips the moisture off hands / is best for reducing the transfer of bacteria to other surfaces.

그들은 또한 말한다 / 전기 드라이어기들 중에서 / 손에서 습기를 빠르게 제거하는 모델이 / 박테리아가 다른 표면으로 이동하는 것을 줄이는데 가장 좋다고

해설 관계대명사 절이 model을 꾸며주는 형태인데, 동사(strips)에 대한 주어가 빠져있는 구조이다. 이럴 땐 주격으로 채워주면 된다.

20 정답 ④

The distance from the longest fingertip to the longest fingertip of your outstretched arms / is the same like [→ as] your height.

당신의 뻗친 팔에서 가장 긴 손가락 끝에서 가장 긴 손가락 끝까지 거리가 / 당신의 키하고 같다.

해설 the same 과 어울리는 전치사는 as 이다.

21 정답 ①

He wrote / "As an animal passed [→passing] by leaves / crushed grass and footprints, / a human occupying a room for one night / prints his character, his recent history, and even his future plans. /

그는 썼다 / 나뭇잎 옆을 지나가는 동물이 / 풀과 발자국을 짓이겨 놓듯이 / 하룻밤 방 하나를 차지한 인간도 / 그의 성격, 최근 역사, 그리고 심지어 미래 계획까지 인쇄해 놓는다.

해설 해석상 crushed를 As절 안의 본동사로 보아야 한다. 그러면 passed 가 주어를 꾸며주게 되는데, 주어 입장(animal)에서 '지나가는' (능동)이므로 passing으로 바뀌어야 한다.

22 정답 ②

Conversely / students who accept that they're not creative / developing [→develop] mental blocks / that keep them / from trying or attempting anything new.

반대로 / 그들이 창조적이지 않다는 것을 받아들이는 학생들은 / 정신적 방해물을 발달시킨다. / 그들을 막는 / 새로운 어떤 것도 시험하거나 시도하지 못하도록

해설 students가 주어이고 관계대명사 절이 (who ~) 꾸며주고 있다. 본동사가 등장해야 하는 상황이다.

23 정답 ③

Indeed, many small mammals living in cold climates, / who lose heat easily / by having an unfavorable surface area / to body weight ratio, / tending [→ tend] to sleep a lot / often in insulating burrows.

정말로 추운 기후에서 사는 많은 작은 포유류들은 / 쉽게 열을 잃는 / 우호적이지 않은 표면 부위를 가짐으로써 / 몸 체중 비율에 대해 / 많이 자는 경향이 있다 / 종종 절연시키는 굴에서

해설 후치수식으로 주어 (mammals)와 동사 (tend)가 멀어진 문장이다.

24 정답 ④

If parents <u>keep</u> their children at home / they can
develop socialization skills / by encouraging the kids <u>to</u>
<u>do</u> volunteer work at an NGO / <u>where</u> they can meet
other young people <u>engage</u> [→engaging] in community
service.

만약 부모들이 아이들을 집에서 키운다면, / 그들은 사회화 기술을 개발할
수 있다 / 아이들을 비정부 단체에서 자원 봉사 일을 하도록 북돋아 줌으
로써 / 그들이 공동체 봉사에 열중하는 다른 젊은이들을 만날 수 있는

해설 where 절 안에 본동사는 meet 이므로 engage는 준동사로 표현되어
야 한다.

25 정답 ②

As long as they kept on their course / and <u>made</u> sure /
that the Sun or the North Star <u>remaining</u> [→remained] at
the same angle in the sky / when they <u>reached</u> their
highest point / mariners could be pretty sure / they were
traveling <u>due</u> east or due west.

그들이 경로를 유지하는 한 / 그리고 확인하는 한 / 태양이나 북극성이 하
늘에서 똑같은 각도를 유지하고 있는 것을 / 그들이 최고점에 도달했을 때,
/ 바다 사람들은 꽤 확신할 수 있었다 / 그들이 정확히 동쪽 혹은 정확히
서쪽으로 이동 중 이라는 것을

해설 that 절 안에 본동사가 보이지 않는다. remained 로 바뀌어야 한다.

Chapter 2. 주어

1. 가주어 & 가목적어

진단 테스트 정답 identify → to identify

By now you can see how important / it is to identify your competitive edges / when you start your business.
이제 여러분은 얼마나 중요한지 알 것이다 / 여러분의 경쟁력 있는 장점을 밝혀내는 것이 / 여러분이 사업을 시작할 때
해설 it이 가주어로 사용되었으므로 identify 가 진주어로 사용되도록 부정사로 바꿔야 한다.

Exercise

01 Showing examples and telling about how powerful that
→ it
was to observe carefully, I moved behind my desk and concluded the lesson from there.

예를 보여주고 신중하게 관찰하는 것이 얼마나 강력한지를 말하면서, 나는 책상 뒤로 이동해서 거기서부터 그 수업을 결론지었다.

02 Obviously, one is ideal to have no conflict with those
→ it
around us.
명백히, 우리 주변에 있는 사람들과 갈등을 갖지 않는 것이 이상적이다.

03 It is not easy of us to show courage in the face of
→ for
either opposition or indifference.
우리가 반대나 무관심과 마주하고 용기를 보여주는 것은 쉽지 않다.

04 It discovered that the clock had actually struck
→ was discovered
thirteen times at midnight on the very night that the soldier was supposed to have slept on duty.
그 병사가 근무 중 잤던 것으로 추정된 바로 그 날 밤 자정에 시계가 실제로 13번 종을 쳤던 것으로 발견되었다.

05 In the absence of statistics, it is not possible to guessing
→ guess
the average life expectancy of a Roman at birth.
통계가 없는 상태에서 로마인의 출생 때 평균 수명 기대치를 추측하는 것은 가능하지 않다.

06 Try as they might, they find it difficultly to control their
negative thoughts. → difficult
비록 그들이 노력했지만, 그들은 부정적인 생각을 통제하는 것이 어렵다는 것을 발견한다.

07 Too much homework makes that difficult for children
→ it
to engage in voluntary activities.
너무 많은 숙제는 아이들이 자발적인 활동에 열중하는 것을 어렵게 만든다.

08 People with the condition find it easily to interpret
→ easy
large images or scenes, but struggle to "spot the difference" in fine detail.
그 상태를 가진 사람들은 큰 이미지나 장면을 해석하는 것이 쉽다는 것을 발견하지만 미세한 세부사항에서 차이점을 식별하는 데에는 힘이 많이 들어간다.

2. 도치

진단 테스트 정답 lies → lie

Underneath this surface level of apparent behavior / lies powerful rules / that must be followed for society to work at all.
명백한 행동의 이 표면 단계 아래에 강력한 규칙들이 놓여있다 / 사회가 작동하기 위해서 따라져야 하는
해설 Underneath는 전치사 (~아래에)이므로 behavior까지 부사구를 이룬다. 부사구가 문장 앞으로 나갔으므로 동사 lies는 뒤에 있는 주어 rules에 맞추어야 한다.

Exercise

01 There is, of course, stories of Romans living to an older
age. → are
물론 더 많은 나이까지 산 로마인들의 이야기도 있다.

02 Frustrating as he was, he refused to give up.
→ Frustrated
비록 그는 좌절했지만 포기하기를 거부했다.

03 Rarely are a computer more sensitive and accurate than
→ is
a human in managing the same geographical or environmental factors.
똑같은 지리적인 혹은 환경적인 요소들을 관리할 때 컴퓨터가 인간보다 더 민감하고 정확하지 않다.

04 Not only does being late reflects poorly on your
→ reflect
character, but it also creates scheduling problems for interviewers.

지각하는 것은 당신의 성격을 형편없는 것으로 반영할 뿐만 아니라 또한 면접관들에게 일정 잡는 문제도 만들어 낸다.

05 Inside the shell is the oyster's mouth, heart, and stomach.
→ are
껍데기 안에는 굴의 입, 심장, 그리고 위가 있다.

06 At the top of the list of baffling terms stand the word
"time." → stands
좌절감을 주는 용어들 목록 맨 위에 "시간"이라는 단어가 있다.

07 Not only do their excavation from the ground significantly

→ does

alter the environment, but their combustion also leads to
a great deal of air pollution.
땅으로부터 그들의 발굴은 환경을 중대하게 바꿀 뿐만 아니라 그들의 연소
는 또한 많은 공기 오염을 일으킨다.

08 As the animals become more and more scarce, so do the

hunters' potential for any further income.   → does

그 동물들이 점점 더 희귀해 지면서 더 많은 수입에 대한 사냥꾼들의 잠재
력도 그러하다.

09 So suggests a study from 2010 that was investigated if

→ investigated

physically attractive women were judged more in line
with their unique, self-reported traits.
신체적으로 매력 있는 여성들이 그들의 독특하고 스스로 보고한 특징과 일
치하여 판단되는지 조사한 2010년의 한 연구가 그렇게 제안한다.

3. 분사 구문

진단 테스트 정답 creates → creating

The gas then goes to two 300 kilowatt fuel cells, / creating
enough power to reduce this company's electric bill by $700,000
a year.
그 기체는 그리고 나서 두 대의 300 킬로와트 연료 전지로 간다. / 이 회
사의 전기료를 연간 70만 불 줄일 정도로 충분한 전력을 생산하면서
해설 앞의 절 뒤에 콤마(,)로 연결된 분사구문이다. 능동이면 creating, 수
동이면 created가 정답이다. creates 형태를 쓰려면 앞에 접속사
(and)가 필요하다.

Exercise

01 Recently, a severe disease hit Asian nations hard,
caused several hundred deaths.

→ causing

최근에 심각한 질병이 수백 명의 사망자를 발생시키면서 아시아 국가들을
세게 강타했다.

02 Pollution and fossil fuels have given us global warming,
resulted in extreme weathers.

→ resulting

오염과 화석 연료는 극단적인 기후를 낳으면서 우리에게 지구 온난화를 안
겨줬다.

03 More than sixty percent of the users post their personal
photos, as many as two million pictures a day, make E-
World the top photo website in the country.   → making
사용자들의 60퍼센트 이상이 하루에 2백만 장만큼 많은 개인 사진을 게시
한다. E-World를 그 나라에서 최고의 사진 웹사이트로 만들면서

04 Situating at an elevation of 1,350m, the city of Kathmandu,

→ Situated

which looks out on the sparkling Himalayas, enjoys a
warm climate year-round.
1350 미터 고도에 처해있는 카투만두 시는 눈부신 히말라야가 내다보이는
데 연중 내내 따뜻한 기후를 즐긴다.

05 Received favors, the horse lived a happy life for fifteen

→ Receiving

years.
호의를 받으면서 그 말은 15년 동안 행복한 삶을 살았다.

06 They display a wide range of different products,
includes ready-made meals alongside fresh food.

→ including

그들은 다양한 다른 제품들을 전시한다. 신선한 음식과 함께 즉석 식품을
포함하여

07 In 1885, a rubber tire company decided to try black
tires, thought that they might not show dirt.

→ thinking

1885년 한 고무 타이어 회사가 검은 타이어를 시도하기로 결정했다. 먼지
를 보이지 않을 것으로 생각하며

08 Assumed that all Jews had gold and money, the gang
went to the house and demanded that the

→ Assuming

women turn over what they had, but they had nothing.
모든 유대인들은 금과 돈을 가지고 있다고 가정하여 그 갱단은 그 집으로
가서 여자들로 하여금 가진 것을 모두 내 놓을 것을 요구했지만 그들은 아
무것도 없었다.

4. 수일치 [고급]

진단 테스트 정답 are → is

With the outbreak of World War II, / radar became one of the
most significant technologies / used to defeat the German forces,
/which is ironic, / considering the German military administration
rejected the first radar devices created by German scientists.
2차 세계대전의 발발과 함께 / 레이더는 가장 중요한 기술 중 하나가 되었
다 / 독일 군을 패배시키는데 사용된 / 그것은 아이러니하다 / 독일 군사
행정부가 독일 과학자들에 의해 만들어진 최초의 레이더 장치를 거부한 것
을 고려할 때
해설 관계대명사 (,which)가 받아주는 부분이 앞 절 전체이므로 단수 취급
해야 한다.

Exercise

01 One of the first things the Russians requested from the
orbiting U.S. astronauts were their pressurized pen.

→ was

러시아 인들이 궤도를 도는 미국 우주 비행사들에게 요청한 최초의 물건들
중 하나는 압축 펜이었다.

02 I loved chickens, which were why I wanted some of our own.
→ was
나는 닭들을 사랑했고 그것이 우리만의 닭들을 원한 이유이다.

03 For them, speaking up in class or asking questions of authority figures produce great anxiety.
→ produces
그들에겐 수업시간에 말하거나 권위 있는 인물에게 질문하는 것이 큰 불안감을 만들어낸다.

04 Here are two things you may have heard about bad breath that is not true.
→ are
여러분이 입 냄새에 대해 들어본 적이 있고 사실이 아닌 두 가지 것들이 여기에 있다.

05 Extending the bounds of music beyond the restrictive formality of Classicism were the prime function of the
→ was
musical period known as Romanticism.
고전주의의 제한적인 형식성을 넘어 음악의 경계를 확장하는 것은 낭만주의로 알려진 음악 시기의 주된 기능이었다.

06 Children need the time just to be kids, which, though seemingly trivial from an adult's point of view, are very necessary to their development.
→ is

『kids』가 주어 맞네 ㅠ

아이들은 단지 아이들로 있을 시간이 필요한데, 비록 이것이 어른들의 관점에서는 겉으로 사소해보이지만 그들의 발달에는 매우 필요한 것이다.

07 There is a deep cavern on the island, containing the bones and arms of the Indians, who, it is supposed, was buried there.
→ were
그 섬에는 깊은 동굴이 있는데 그곳에 매장된 것으로 추정되는 인디언들의 뼈와 팔을 포함하고 있다.

08 You're the first of my patients that have ever given me a lecture on law.
→ has
당신은 환자들 중에 나에게 법에 대해 강의한 최초의 환자이다.

✓ 실전 문제

01 **정답 use**

Jason Shelton, vice-president of marketing for Sonitus Medical, the US-based company that has developed the device explains, / "Unlike other devices for hearing loss that use air conduction to transmit sound, / our device uses a principle called bone conduction."

그 장치를 개발한 미국에 위치한 회사 Sonitus Medical의 마케팅 부회장인 Jason Shelton은 설명한다 / 소리를 전달하기 위해 공기 전도를 이용하는 청력상실용 다른 장치들과는 달리 / 우리의 장치는 bone conduction이라고 불리는 원리을 이용한다.

해설 for hearing loss 때문에 선행사(devices)와 관계사절(that)이 떨어지게 되었다.

02 **정답 means**

The examiner isn't going to make your life easy / as he wants to test your deep knowledge of the subjects, / which means that at least three choices will be somewhat right.

시험관은 여러분의 삶을 쉬운 것으로 만들지 않을 것이다 / 왜냐하면 그는 과목에 대한 여러분의 깊은 지식을 검사하고 싶어 하기 때문이다 / 그것은 최소한 세 개의 선택지가 다소 옳다는 것을 의미한다.

해설 주격 관계대명사 which 가 가리키는 것이 앞의 절 전체이기에 단수 취급해야 한다.

03 **정답 makes**

Don Quixote is one of his masterpieces, / which makes fun of chivalry / and gives a keen description of various types of Spanish characters, from noblemen to coachmen.

돈키호테는 그의 걸작중의 하나이다 / 기사도를 조롱하고 / 귀족부터 마부까지 다양한 형태의 스페인의 인물들에 대한 날카로운 묘사를 제공한

해설 주격 관계대명사 which 가 가리키는 것은 masterpieces가 아니라 one이기에 단수 취급해야한다.

04 **정답 which**

Prior to World War II, / less than one-fifth of the U.S. population lived in the suburbs, residential areas surrounding cities, / which expanded urban lifestyles into previously rural areas.

2차 세계대전 전에 / 미국 인구의 5분의 1 미만이 도시를 둘러싼 거주 지역인 교외에서 살았다 / 그것은 이전에 시골 지역인 곳으로 도시의 생활양식을 팽창시켰다.

해설 앞의 본동사 lived와 뒤의 본동사 expanded로 두 개의 절이 연결됨을 알 수 있다. 접속사 역할을 하는 which가 정답이다.

05 정답 **ensuring**

If you believe education is fundamental to all people / and that what we do as individuals in our society depends on the education we receive, / then ensuring that education covers the main issues of importance is crucial.

여러분이 교육이 모든 사람들에게 근본이라고 믿는 다면 / 그리고 우리가 사회에서 개인으로써 행하는 것이 우리가 받은 교육에 달려있다고 믿는 다면 / 그러면 교육이 중요성을 가진 주요 문제를 다루는 것을 보장하는 것이 결정적이다.

해설 뒤의 본동사 is에 주어가 필요하므로 동명사 형태가 올 수 있다.

06 정답 **claim**

Although there are tons of creams and other skin products on the market that claim to remove wrinkles, / the truth is that most are ineffective and often costly.

비록 주름을 제거한다고 주장하는 수많은 크림과 다른 피부 제품들이 시장에 있음에도 불구하고 / 진실은 대부분이 비효율적이고 종종 비싸다는 것이다.

해설 "주름을 제거한다고 주장하는" 것이 시장이 아니라 제품들임을 알 수 있다. 동사 claim으로 복수 취급해야 한다.

07 정답 **were**

In the back seat of the car next to mine / were two sweet little boys.

내 차 옆에 있는 차의 뒤 좌석에 / 두 명의 귀여운 어른 남자애들이 있었다.

해설 부사구 (In ~ mine)이 문장 앞으로 나오면서 도치가 일어났다. 주어는 뒤 쪽의 boys이다.

08 정답 **means**

The FBI's crime-data include only eight types of criminal behavior, / which means that most white-collar crimes and drug crimes are excluded.

FBI의 범죄 자료는 오직 여덟 형태의 범죄 행동만 포함하는데 / 그것은 대부분의 사무직 근로자 범죄와 마약 범죄는 제외된다는 것을 의미한다.

해설 관계대명사 which가 가리키는 것은 앞 절 전체이기에 단수 취급해야 한다.

반드시 해석을 해야 제대로 선행사를 찾아낼 수 있어요.

09 정답 **retaining**

Fifteen countries have capital punishment, / but only enforce it during war time, / while twenty-one countries, despite officially retaining the death penalty, never enforce it.

15개 국가가 사형 제도를 갖고 있다 / 그러나 전시에만 실행할 뿐이다 / 반면에 21개 국가들은 비록 사형 제도를 공식적으로 보유하고 있음에도 절대 시행하지 않는다.

해설 despite은 명사(동명사)와 결합하는 전치사이므로, 동사원형은 올 수 없다.

10 정답 **do**

Potato bread is delicious, and so is potato soup. Potato pancakes taste good, and so do potato candies.

감자 빵은 맛있고 감자 스프도 그렇다. / 감자 팬 케익도 맛이 좋고 감자 캔디도 그렇다.

해설 부사 so로 인해서 도치가 발생한다. 그리고 동사를 대신 받을 때 일반동사(taste)는 do동사를 사용해야 한다.

11 정답 **attending**

A friend of mine admits he's not computer literate, / so attending a one-day, new-software training session was not something he looked forward to.

내 한 친구는 그가 컴맹이 아니라고 인정한다 / 그래서 하루에 새로운 소프트웨어 훈련 기간에 출석하는 것은 그가 고대하던 무언가는 아니었다.

해설 주어의 자격만 보면 명사(attendance)도 올 수 있다. 하지만 뒤에 목적어(session)를 직접 끌고 다닐 수 있는 것은 동사의 성질을 유지한 동명사(attending)가 와야 한다.

12 정답 **it relaxing**

You may find it relaxing / to have a phone conversation with a particular person before going to bed.

여러분은 그것이 편안하게 해주는 것을 발견할지 모른다 / 잠자리에 들기 전에 특정한 사람과 전화 대화를 나누는 것이

해설 진목적어 (to~)를 문장 뒤로 보낸 구문이므로 가목적어(it)이 있어야 한다.

13 정답 **living**

Situated at an elevation of 1,350m, / the city of Kathmandu, which looks out on the sparkling Himalayas, / enjoys a warm climate year-round / that makes living here pleasant.

1350미터 고도에 위치한 / 눈부신 히말라야를 내다보는 카투만두 도시는 / 연중 내내 따뜻한 기후를 즐긴다 / 여기에서의 삶을 상쾌하게 만드는

해설 동명사(living)은 가목적어로 대체되지 않는다. 가목적어-진목적어는 목적어로 to 부정사와 that 절을 원칙으로 한다.

14 정답 ④

As technology and the Internet are a familiar resource for young people, / it is logical that they would seek assistance from this source. / This has been shown by the increase in websites / that provide therapeutic information for young people. / A number of 'youth friendly' mental health websites have been developed. / The information presented / often taking [→ takes] the form of Frequently Asked Questions, fact sheets and suggested links.

기술과 인터넷이 젊은이들의 친숙한 자원이 되면서 / 그들이 이 원천에서 도움을 찾는 것이 논리적이다. / 이것은 웹사이트의 증가로 보여져왔다 / 젊은이들을 위한 치료의 정보를 제공하는 / 많은 '젊은이 친화적인' 정신 건강 웹사이트들이 개발되어 왔다. / 제공되는 정보는 / 곧잘 나오는 질문, 공식 문서, 추천 링크 등의 형태를 종종 취한다.

해설 주어 information을 과거분사(presented)가 꾸며주고 있다. 이젠 본동사(takes)가 나올 차례이다.

15 정답 ④

Successful people have simply learned the value of staying in the game / until it is won. / Those who never make it / are the ones who quit too soon. / When things are darkest, / successful people refuse to give up / because they know they're almost there. / Things often seem at its [→ their] worst just before they get better.

성공적인 사람들은 게임에 머무는 가치를 간단히 배웠다 / 게임을 이길 때까지 / 절대로 해내지 못하는 사람들은 / 너무 빨리 그만두는 사람들이다. / 상황이 가장 어두울 때 / 성공적인 사람들은 포기하기를 거부한다 / 왜냐하면 그들은 자신이 거의 그곳에 도달한 것을 알고 있기 때문이다. / 상황은 나아지기 바로 전에 최악에 놓인 것처럼 종종 보인다.

해설 대명사 its가 가리키는 것은 things이다. 복수이므로 their로 고쳐야 한다.

16 정답 ②

You find out too late /that your car cannot carry as much as you thought it could. / So, it takes you far more trips to your new home than you thought it would. / There is also the possibility of damage [→ damaging] your stuff, / some of it valuable. /All these things considered, / it might be better to ask for the services of a moving company.

당신은 너무 늦게 발견한다 / 당신의 차가 그것이 할 수 있을 거라고 당신이 생각한 것만큼 많이 운반할 수 없다는 것을 / 그래서 당신이 그럴 거라고 생각한 것 보다 새 집까지 훨씬 더 많은 이동을 필요로 한다. / 또한 당신의 물건을 손상 입힐 가능성도 있다 / 그 중의 일부는 귀중한 / 모든 이런 것들이 고려될 때 / 이사 회사의 서비스를 요청하는 것이 더 나을 것이다.

해설 damage는 명사가 가능하므로 전치사 뒤에 위치할 순 있다. 그러나 뒤에 따라온 명사 (your stuff)를 이을 방법이 없다. ("손해 당신의 물건", the damage of your stuff 는 가능함) 그러므로 동사적 성질이 살아 있는 동명사로 처리해야 한다.

17 정답 ④

So imprudent are we / that we wander about in times that are not ours / and do not think of the one that belongs to us. /We try to support the present with the future / and think of arranging things we cannot control, /for a time we have no certainty of reaching. / Examine your thoughts, / and you will find them wholly to occupy [→ occupied] with the past or the future.

우리는 너무 경솔해서 / 우리의 것이 아닌 시대에서 주변을 방황한다 / 그리고 우리에게 속한 시간에 대해서는 생각하지 않는다. / 우리는 현재에게 미래를 이용해서 도움을 주려고 노력한다 / 그리고 우리가 통제할 수 없는 것들을 준비하는 것에 몰두한다 / 우리가 도달할 확실함이 없는 시간을 위해 / 여러분의 생각을 조사해 보라 / 그러면 여러분은 그 생각들이 과거나 미래로 점령당해 있는 것을 발견하게 될 것이다.

> 결과절 「S + V + so 형/부 that~」 에서 도치가 일어나면 「so 형/부 + V + S that~」 가 되어요. 또 하나의 결과절 「S + V + such 명사 that ~」 에선 명사가 생략되는 경우가 많은데 그 상태에서 도치가 되면 「such + V + S that ~」 의 형태가 되어요.

해설 them이 생각들(thoughts)를 가리킨다. 그러므로 생각이 이미 점령당해 있는 것이므로 완료와 수동의 과거분사를 사용해야 한다.

18 정답 ②

It's important to people / that they feel valid, important, and respected. / Just as saying sorry matters, / so does remember [→ remembering] to thank those who help you move forward. / And I think it's much nicer to send along a physical card than an email.

사람들에게 중요하다 / 그들이 타당하고 중요하고 존중받는 느낌을 갖는 것이 / 미안하다고 말하는 것이 중요한 것처럼 / 여러분을 앞으로 이동하도록 도와준 사람들에게 감사할 것을 기억하는 것도 중요하다. / 그리고 내 생각엔 이 메일 보다는 물리적인 카드를 함께 보내는 것이 훨씬 더 멋진 일일 것이다.

해설 부사 so로 인해서 도치가 발생했다. does는 앞의 동사 matters를 대신하므로 옳지만 주어자리에 remember가 올 수 없다. 동명사 형태가 정답이다.

19 정답 ④

Once he filled a fishbowl with marbles, / asked the students to guess how many marbles there were, / and awarded a free lunch to the winner. / Another time they entered a contest to guess / how many soda cans the back of a pickup truck was held [→ held].

한 번은 그는 어항을 대리석 돌로 가득 채우고 / 학생들에게 얼마나 많은 대리석 돌이 있는지 추측하도록 요구했고 / 우승자에겐 무료 점심을 상으로 주었다. / 또 한 번은 그들은 추측해보는 콘테스트에 들어갔다 / 픽업 트럭의 뒷부분이 얼마나 많은 음료수 캔을 담을 수 있는 지를

해설 의문사 how가 many를 many가 다시 soda cans를 앞 쪽으로 이동시켰다. 따라서 목적어가 통째로 앞으로 나간 것이지 사라진 것은 아니므로 능동태가 맞다.

20 정답 ④

Uncle Jack gave a lengthy speech / about <u>how</u> Mary was like a daughter to him and to Aunt Barbara. / And then, he handed her an envelope / in <u>which</u> was tucked a fifty-dollar bill. / Mary was to buy <u>herself</u> some new clothes with Aunt Barbara's help and advice. / A miracle! / So many presents all at once made her eyes <u>shone</u> [→ shine].

삼촌 Jack 은 장황한 연설을 했다 / 얼마나 Mary가 그와 숙모 Barbara에겐 딸 같은지에 대해서 / 그리고 나서 그는 봉투를 그녀에게 건넸다 / 그 안에 50달러 지폐가 넣어져 있는 / Mary는 숙모 Barbara의 도움과 충고를 가지고 자신에게 약간의 새 옷을 살 예정이다. / 기적이었다! / 그렇게 많은 선물은 즉시 그녀의 눈을 빛나게 만들었다.

해설 made 가 사역동사이므로 목적보어 자리에 동사원형 (shine)이 나와야 한다.

Chapter 3. 접속사

1. 병렬구조

진단 테스트 정답 joined

I was impressed at its efforts to keep nature / and joined it.

나는 자연을 지키려는 그 노력에 감동을 받았다 / 그리고 그곳에 합류했다.

해설 해석상 "자연을 지키고 합류하려는" 노력보다는 "감동을 받아서 합류했다"가 더 자연스럽다.

Exercise

01 The lack of sleep upsets our hormone balance and cause the decrease in leptin. → caused

수면 부족은 우리의 호르몬 균형을 뒤엎고 렙틴의 감소를 야기한다.

02 She took a course in nursing and becoming superintendent of a London hospital. → became

그녀는 간호학 강좌를 수강했고 런던의 한 병원의 감독관이 되었다.

03 By living temporarily with Mike's parents and drastically cut theirleisure expenses, they could save a large amount → cutting

of money.

Mike의 부모님과 임시로 살고 그들의 레저 비용을 끔찍하게 줄임으로써 그들은 많은 양의 돈을 저축할 수 있었다.

04 Instead, to have a real adventure, set out by yourself or with a friend and to explore something new. → explore

대신에 진정한 모험을 가지기 위해서는 당신 혼자 아니면 친구 한 명과 떠나서 무언가 새로운 것을 탐험하라.

05 We all have unique talents that were created and give to us to be shared. → given

우리 모두는 창조되고 우리에게 공유되도록 주어진 독특한 재능을 갖고 있다.

06 The purser accepted the responsibility for the valuables and remarking, "It's all right. I'll be very glad to take → remarked

care of them for you."

그 사무장은 귀중품에 대한 책임을 받아들이고 언급했다, "좋습니다, 내가 당신을 위해 그것들을 기꺼이 돌보아 드리죠."

07 Research indicates regular exercise facilitates the generation of new brain cells and have positive influences on areas → has

responsible for learning and memory.

연구는 운동이 새로운 뇌 세포의 발생을 촉진하고 배움과 기억력을 책임지고 있는 부위에 긍정적인 영향을 준 다고 가리킨다.

08 Recent research is helping to clarify the important role that self-esteem plays in our ability to take risks, learn new skills, deal with others fairly and benevolently, and is productive and assertive. → be

최근의 연구는 자존심이 위험을 떠맡고, 새로운 기술을 배우고 타인들을 공정하고 자비롭게 대하고 생산적이고 자기주장적인 능력에서 행하는 중요한 역할을 명확히 하는 데 도움을 주고 있다.

2. 이끄는 절 [완전 VS. 불완전]

진단 테스트 정답 Whether

Whether you wear torn jeans or like to recite poetry, / by doing so you make a statement of belonging to a group of people.

여러분이 찢어진 청바지를 입던 시 암송하기를 좋아하던 / 그렇게 함으로써 여러분은 사람들의 한 집단에 속해있음을 알리는 것이다.

「or」 있어서 「whether」를 골랐다면 완전한 지식이 아니에요. 뒤에 나오는 절이 완벽해서 접속사 「whether」를 골라야 해요. 「or」 없이도 「whether」가 사용될 수 있어요.

해설 이끄는 절이 완전하므로 접속사 (whether)가 와야 한다.

Exercise

01 정답 **완전**

They also added what they would be able to figure out → that

how much of a risk the ash would be for aircraft engines.

그들은 또한 그 (화산)재가 비행기 엔진에 얼마나 위험이 되는 지 알아낼 수 있다고 덧붙였다.

02 정답 **완전**

Then she would return to her cabin, which she stayed → where

crying and trembling until the ship arrived in Oslo harbor the next day.

그리고 나서 그녀는 그녀의 선실로 돌아갔는데 그곳에서 그녀는 배가 그 다음날 오슬로 항구에 도달할 때 까지 울면서 그리고 떨면서 머물렀다.

03 정답 **완전**

Pierre de Fermat, who 'last theorem' puzzled → whose

mathematicians for centuries, was a lawyer.

그의 '마지막 명제'가 수세기동안 수학자들을 당황하게 만든 페르마는 변호사였다.

04 정답 완전

He judged by the sound which the fall was a mere slip
　　　　　　　　　　　→ that

and could not have hurt Meredith.

그는 소리에 의해 그 넘어짐이 단순한 미끄러짐이라는 것과 Meredith를 다치게 했을 리가 없다고 판단했다.

05 정답 완전

Although kid today is an accepted English- language word that describes a child, it was once considered slang because it came from the word which meaning was — and is — a young goat.　　　→ whose (=of which)

비록 오늘날 kid는 아이를 묘사하는 수용되는 영어 단어이지만, 그것은 의미가 어린 염소였던 (지금도 염소인) 단어에서 왔기 때문에 한 때 속어로 여겨졌었다.

06 정답 불완전 [틀린 곳 없음]

They all had to answer questions about what they thought ● of their own driving skills.

그들은 모두 자신의 운전 기술에 대해 어떻게 생각하는 지에 대한 질문에 대답해야 했다.

「what~」가 불완전한 구조에요. 예를 들어 「당신은 나에 대해서 어떻게 생각하십니까?」를 영어로 옮기면 「what do you think of me?」가 되는 거죠. 우리말 따라가면서 「how」를 사용하면 대답이 「By using my brain.」이 될 거에요.

07 정답 완전

Would you be a sweetheart and go and see what you can get it started for me?　　　→ whether (=if)

당신이 친절하게도 가서 당신이 그것을 출발할 수 있게 할 수 있는지 알아봐 주시겠습니까?

08 정답 완전 (의미차이로 틀림)

Some people believe that Atlantis was a powerful nation that people became so corrupted by greed that
　　　　　　　→ whose

Zeus destroyed it.

몇몇 사람들은 아틀란티스가 그 국민들이 탐욕에 의해 너무 타락해서 제우스가 그것을 파괴했던 강력한 나라였다고 믿는다.

3. 관계 대명사 [고급]

진단 테스트 정답 **which → who(that)**

The skillful mechanic has been replaced by a teenager in a uniform / who doesn't know anything about cars and couldn't care less.

그 능숙한 기계공은 제복을 입은 십대로 대체되었다 / 차에 대해서는 아무 것도 모르고 덜 신경써주는

해설 관계대명사절이 꾸미는 것은 uniform이 아니라 teenager이다. 선행사와 관계대명사절이 멀어질 때 조심해야 한다.

Exercise

01 By six months a child whom ● regularly sleeps in her
　　　　　　　　　　→ who

parents' room is likely to become dependent on this arrangement,"

6개월 경 규칙적으로 부모님의 방에서 잔 아이는 이런 배치에 의존하게 될 가능성이 높다.

02 One day, I happened to see a newspaper ad what ● was
　　　　　　　　　　　　　　　→ which(that)

put out by The Nature Conservation, a nonprofit organization.

어느 날 나는 비영리 단체인 The Nature Conservation에 의해 실린 한 신문 광고를 우연히 보게 되었다.

03 He just produced 　　　 which ● was in him, and brought
　　　　　　　　　→ what

us a rich treasure of music.

그는 그 안에 있는 것을 생산해냈고 우리에게 풍부한 음악의 보물을 가져다 주었다.

04 If you need to buy food, there is probably a shop or a department store close to your home that sells just
　　　　which you want.
　　　→ what

만약 여러분이 식료품을 살 필요가 있다면, 여러분의 집 가까이 여러분이 원하는 것을 파는 상점이나 백화점이 있을 것이다.

05 The earliest map is thought to have been made in 7000 B.C. in an ancient city that was in 　　　 which is now present day Turkey.　　　→ what

「in which」가 자연스럽게 보이지만, 뒤에 따라오는 절이 완전해야 쓸 수 있어요. 지금은 뒤에 주격이 없고 앞에 선행사도 보이지 않으므로 「what」이 정답이에요.

가장 초기의 지도는 현재 터키인 곳 안에 있는 한 고대 도시에서 기원전 7,000년에 만들어졌던 것으로 여겨진다.

06 At that time, I had three million acres of <u>land</u>, most of
what was green space.

→ which

그때에 나에게는 3백만 에이커의 땅이 있었는데 그 중 대부분은 녹지였다.

07 <u>The violinists and pianists</u> their names you've heard

→ whose

regularly earn between $30,000 and $50,000 for a
single performance.

그 이름을 여러분이 들어본 바이올리니스트와 피아니스트들은 보통 단 한
번의 공연에 대해 3만 불에서 5만 불 사이를 번다.

08 To <u>the extent</u> that an attractive woman believes about
herself what we also want to believe about her, we may

→ that

just be under the irrationally compelling spell of
physical attraction.

선행사 「extent」 를 두 개의 관계대명사절이 꾸며주고 있어요.

매력적인 여성이 자신에 대해 믿고 우리 또한 그녀에 대해 믿고 싶은 정도까
지 우리는 신체적 매력이 주는 비이성적으로 강요하는 마법아래에 놓여있다.

4. 복합 관계사

진단 테스트 정답 whichever

We live and work within a browser, / and it doesn't matter
whichever browser it may be.

우리는 브라우저 안에 살고 일한다. / 그리고 그것이 어떤 브라우저인가는
중요하지 않다.

해설 명사 (browser)를 꾸미는 복합 관계 형용사 whichever가 와야 한다.
however 뒤에는 형용사나 부사가 위치한다.

Exercise

01 "I was born," and you could put however <u>you liked</u> ●
<u>after that</u>.

→ whatever(whichever)

"나는 태어나게 되었다." (탄생은 수동) 그리고 여러분은 그 뒤에 원하는
것은 무엇이던지(어떤 것이든지) 더할 수 있다.

02 He simply says however ●comes to mind.

→ whatever

그는 마음에 떠오르는 것이 무엇이던지 그냥 내뱉었다.

03 Everyone wants some place to put her things in,
whatever she owns one cup and saucer or half the

→ whether

football equipment in America.

그녀가 컵과 받침대이건 미식축구 장비의 반이건 간에 모두들 그녀의 물건
을 넣어둘 약간의 공간을 원한다.

04 What <u>you want</u>●, we will grant your wish.

→ Whatever

당신이 무엇을 원하던 간에 우리는 당신의 소망을 승인할 것이다.

05 Remember this: you may be in a storm, but how <u>dark</u>

→ however

<u>the clouds are</u>, climb up through them, and the sun is
still shining brightly.

「how」 는 명사절로 사용되므로, 콤마(,)로 분리되면 안돼요.
양보의 부사절로 사용되는 「however」 는 주절과 분리돼요.

이것을 기억하라: 당신이 폭풍 속에 있을지도 모른다. 그러나 구름이 아무
리 어둡다 하더라도 그 것을 뚫고 올라가라, 그러면 태양은 여전히 밝게
빛나고 있을 것이다.

06 Of course, I assume that my neighbor notices however
<u>wonderful and unique they are</u>. → how

물론 나는 나의 이웃이 그것들이 얼마나 놀랍고 독특한지 알아보았다고 가정한다.

07 What <u>the cause of our discomfort is</u>, most of us have

→ Whatever

to train ourselves to seek feedback and listen carefully
when we hear it.

우리의 불편함의 원인이 무엇이던지, 우리 대부분은 피드백을 찾고 또 그
것을 들을 때 신중히 귀 기울이도록 우리자신을 훈련해야 한다.

08 What <u>its variation is</u>, brown retains its natural character.

→ Whatever

그 변형이 무엇이던지, 갈색은 그것의 자연스러운 성질을 보유한다.

09 Whatever <u>you are troubled</u>, ask your pal, "Do you have

→ Whenever

a moment to listen to my trouble?"

당신이 곤란할 때 마다 친구에게 "나의 고민을 들어줄 시간 있어?"라고 물어라.

10 How <u>hard you may try</u>, you will not succeed without

→ However

imagination.

아무리 여러분이 열심히 노력해도 상상력이 없이는 성공할 수 없을 것이다.

∨ 실전 문제

01 정답 was surprised

One day his banker asked him to sign some papers, / and was surprised to learn that the man couldn't read or write.

어느 날 그의 은행직원이 그에게 몇 개의 서류에 서명하길 요청했다 / 그리고 그가 문맹이라는 것을 알고 놀라게 되었다.

해설 요청한(asked)는 능동이 맞지만, 놀라게 된 것은 수동이므로 was surprised가 정답이다.

02 정답 contributing

Furthermore, Southern traditionalists accuse air conditioning / of speeding up their lifestyles / and contributing to a decline in neighborly conduct.

더욱이 남부의 전통주의자들은 에어컨을 비난한다 / 그들의 생활양식에 속도감을 불어넣었다는 이유로 / 그리고 이웃다운 행동의 쇠퇴에 기여했다는 이유로

해설 해석을 해보면 and 앞, 뒤가 에어컨 비난 근거임을 알 수 있다.

『accuse』하고 병렬구조 맞네! 맞아! ㅎ

03 정답 love

It is better / to receive less money / and love what you are doing / than to receive lots of money and hate what you are doing.

더 좋다 / 더 적은 돈을 받는 것이 / 그리고 여러분이 하는 일을 사랑하는 것이 / 많은 돈을 받고 여러분이 하는 일을 싫어하는 것보다

해설 해석을 receive와 love가 to에 걸려있는 진속어임을 알 수 있다.

04 정답 what

They discovered / that people who were given popularity rankings / were more likely to select / what the website claimed were favorite choices.

그들은 발견했다. / 인기도 랭킹을 받은 사람들이 / 더 선택할 가능성이 높다는 것을 / 웹사이트가 인기있는 선택이라고 주장한 것을

해설 관계절에 본동사가 두 개일 땐 삽입된 경우이다. (the website claimed) 결국 were에 대한 주어가 빠진 상황이고 앞쪽에 select뒤에도 빠져있으므로 what이다.

05 정답 what

Generally, when you meet people / who are almost the same age as you, / they will immediately tell you / what they want to be called.

일반적으로 여러분이 사람들을 만날 때 / 여러분과 거의 나이가 같은 / 그들은 즉시 여러분에게 말할 것이다. / 그들이 무엇으로 불리길 원하는지를

해설 call은 '누구를 어떻게 부르다'의 5형식이 가능하기에 수동태로 바뀌어도 목적보어가 남을 수 있다. 결국 what 뒤 부분이 불완전하다. 앞에도 tell 이 목적어 두 개를 유도하므로 빠진 것으로 봐야한다.

06 정답 that

So it incorporated in its constitution the principle / that in youth hostels / "there shall be no distinctions of race, nationality, color, religion, class or political opinions."

그래서 그것은 그 헌법안에 그 원리를 포함시켰다. / 유스호스텔에서는 / "인종, 국적, 피부색, 종교, 계급 혹은 정치적 견해에 대한 차별이 없어야 한다는"

해설 뒤가 완전한 구조이므로 접속사 that이 나와야 한다.

07 정답 what

Beauty is certainly more than skin-deep. / Whatever you might define, / beauty extends far beyond the visual / to what pleases other senses and even the mind.

미란 분명히 피부 두께 이상의 것이다. / 여러분이 무엇으로 정의하더라도 / 미란 시각적인 것을 훨씬 넘어 확장된다. / 다른 감각들 그리고 심지어 마음까지도 기쁘게 해주는 것 까지

해설 뒤를 먼저 보면 본동사(pleases)앞에 주어가 없다. 그리고 앞에 전치사(to)에 대한 목적어도 없으므로 what이 정답이다.

08 정답 what

There is a gap / between what people say should happen / and what they actually do.

간격이 있다 / 사람들이 발생해야 한다고 말하는 것과 / 그들이 실제로 행하는 것 사이에

해설 people say 는 삽입된 것이다. 결국 should앞에 주어가 없는 셈이고 전치사(between) 뒤에도 빠져있다. 물론 뒤에 위치한 what 절도 동사(do)의 목적어가 없다.

09 정답 how

You may be surprised to see / how many calories you can save.

여러분은 보고 놀랄지도 모른다 / 여러분이 얼마나 많은 칼로리를 절감할 수 있는지를

해설 however는 양보의 부사절을 유도하며, 주절과 콤마(,)로 분리된다. 문제에서처럼 명사절(see의 목적어)로 사용되려면 how가 맞다.

10 정답 whoever

Those hormones are concentrated in the animals' fat / and passed on to whoever eats it.

그 호르몬들은 그 동물들의 지방 안에 농축되어 있다 / 그리고 누구든지 그것을 먹는 자들에게 전달된다.

해설 복합관계대명사도 격은 뒤 부분의 빠진 부분을 채우면서 결정한다. 동사(eats)앞에 주어가 없으므로 주격이(whoever) 들어가야 한다.

11 정답 whose

The Australian taipan, for example, is a snake, / whose poison is strong enough to kill 199 adults with just one bite.

예를 들어 호주의 타이판은 뱀이다 / 그것의 독이 단 한번 무는 것으로 199명의 어른을 죽일 정도로 강한

해설 일단 뒤가 완성됨으로 which는 탈락된다. 선행사(snake)가 poison을 소유하는 관계이므로 whose가 정답이다.

12 정답 which

It was a very elegant place, / and it was always full of interesting people, / which was why I liked to go there.

그곳은 매우 고상한 장소이고 / 항상 흥미로운 사람들로 가득 차 있었다 / 그것이 내가 그곳을 가기 원했던 이유이다.

해설 얼핏 보면 선행사가 people인 것 같지만, 자세히 해석을 해보면 앞 절 전체를 받아줘야 함을 알 수 있다. 구나 절은 which로 받아준다.

13 정답 in which

All individuals must eat to survive, / but what people eat, when they eat, and the manner in which they eat / are all patterned by culture.

모든 개인들은 생존하기 위해 먹어야 한다 / 그러나 사람들이 무엇을 먹는지, 언제 먹는지, 그리고 그들이 먹는 방식은 / 모두 문화에 의해 틀에 박혀있다.

해설 뒷부분이(they eat)이 완벽하므로 which는 일단 탈락된다. 방식(manner)을 꾸며주게 되므로 전치사 in 이 붙어야 된다. [in which(=manner)]

14 정답 most of which

The term "martial arts" refers to a large variety of fighting sports, / most of which originated in the Far East.

"무예"라는 용어는 다양한 격투 스포츠를 가리킨다 / 그 중 대부분은 극동 지역에서 기원한

해설 양쪽에 본동사가 존재한다. 그럼 접속사 역할 할 수 있는 관계대명사가 들어와야 한다. most of them을 쓰면 접속사 기능은 빠지기 때문에 본동사 originated를 분사 originating 으로 바꾸면 가능하다.

15 정답 ③

The "time-zone syndrome" is even more important in the case of airline pilots, / who seldom have time to adjust completely / before winging back to their original time zone / and whom [→ whose] job requires the utmost in mental alertness.

"시간대 증후군"은 비행 조종사의 경우에 훨씬 더 중요하다 / 완벽히 적응할 시간을 좀처럼 갖지 못하는 / 그들의 본래 시간대로 비행하여 돌아가기 전에 / 그리고 그들의 업무는 정신적 경계에 있어서 극한을 요구하는

해설 관계대명사의 격은 뒤 쪽의 빠진 부분으로 결정된다. 보다시피 whom 뒤 쪽에 목적어가 빠져있어야 하는데 완성된 모습이다. the utmost 는 the + 형용사 = 추상명사로 사용되면서 목적어 역할을 하고 있다. '조종사의 업무'로 연결되는 소유격이 자연스럽다.

16 정답 ④

If left untreated, / stinging sensation may weaken vision / and lead to eye infections. / Tears keep eyes moist and clean. / If too few tears are produced / or their chemical composition is altered, / the annoyed [→ annoying] symptoms of dry eye syndrome may develop.

만약 치료되지 않고 남겨지게 되면 / 찌르는 느낌은 시력을 약화시키고 / 눈 감염을 일으킬 지도 모른다. / 눈물은 눈을 촉촉하고 깨끗한 상태로 유지시킨다. / 만약 너무 적은 눈물이 생산되거나 / 그들의 화학적 구성이 바뀌면 / 건조한 눈 증후군의 짜증나게 하는 증세가 발전할 지도 모른다. /

해설 감정에 관련된 동사는 100% 타동사이다. 즉 "짜증나다" "놀라다" "실망하다" 등의 동사는 존재하지 않는다. 마찬가지로 irritate도 "짜증나게 하다" 의 뜻 이므로 "증세"를 꾸며줄 땐 현재분사가 맞다.

17 정답 ①

A teacher at Training School in Springfield, Massachusetts, / invented a new game. / He asked the school janitor / to find two boxes / and nailed [→ nail] them at opposite ends of the gymnasium balcony. / The janitor couldn't find any boxes, / so he substituted two peach baskets. / If he had been able to find two boxes, / the game probably would have become known as "box-ball"; / instead it was named "basketball."

메사추세츠의 스프링필드에 있는 직업학교의 한 교사가 / 새로운 경기를 발명해냈다. / 그는 학교 관리인이게 부탁했다 / 두 개의 상자를 구해 달라고 / 그리고 그것들을 체육관 발코니 반대쪽 끝에다가 못 질을 해달라고 / 그 관리인은 어떤 상자도 발견할 수 없었고 / 그래서 그는 두 개의 복숭아 바구니로 대체했다. / 만약 그가 두 개의 상자를 발견할 수 있었다면 / 그 경기는 아마도 "박스 볼"로 알려졌었을 텐데 / 대신에 그것은 "바스켓볼"로 불렸다.

해설 병렬구조는 반드시 해석을 해 봐야 파악할 수 있다. 해석상 and 가 연결하는 것은 부탁한 내용이므로 ①find 와 ②nail 을 병렬구조로 보아야 한다.

18 정답 ②

Tigers' stripes help them blend in with tall grasses, / but zebras are really conspicuous. / What was the point of Mother Nature painting these elegant creatures in black and white? / The animals whose [→ which] prey on zebras / are busiest during the cool hours of sunrise and sunset. It turns out that the black and white stripes show up as grey from a distance, / which helps the zebras blend with the low light.

호랑이들의 빗줄은 그들이 키 큰 풀과 섞이는데 도움을 준다 / 그러나 얼룩말을 진짜 눈에 띈다. / 대 자연이 이 고상한 생물들을 흑 백으로 그린 요점은 무엇일까? / 얼룩말을 먹이로 삼는 동물들은 / 시원한 일출과 일몰의 시간동안 가장 바쁘다. / 흑 백의 빗줄이 멀리서 회색으로 나타나는 것으로 판명된다. / 그것이 얼룩말들을 낮은 빛과 섞이도록 도와준다.

> 「prey」가 명사라는 것 정도는 알지? ♪

해설 prey를 보통 명사('먹이')로 판단하는데 본문에서는 동사('먹다')로 사용되었다. 그러므로 동사 앞에 주격이 없으므로 주격 관계대명사 (which)가 와야 한다.

19 정답 ③

Almost every day I play a game with myself / that I call 'time machine.' / I made it up in response to my erroneous belief / that what I was all worked up about / was really important. To play 'time machine' / all you have to do / is to imagine / that however [→ whatever] circumstance you are dealing with / is not happening right now but a year from now. / It might be an argument with your spouse, a mistake, or a lost opportunity, / but it is highly likely that a year from now you are not going to care. /

거의 매일 나는 자신과 게임을 한다 / 내가 '타임 머신'이라고 부르는 / 나는 그것을 나의 잘못된 믿음에 대한 반응으로 만들었다 / 내가 만들어 낸 것이 (현실보다) 정말 중요하다라는 / '타임 머신'을 하기위해서는 여러분이 해야할 전부는 / 상상하는 것이다 / 당신이 다루고 있는 무슨 환경이라도 / 지금이 아니라 지금부터 1년 후에 일어나고 있다고 / 그것은 배우자와의 다툼일 수 도 있고, 실수나 잃어버린 기회일 수 도 있다 / 하지만 지금부터 1년 후 여러분은 신경도 안 쓸 가능성이 높다.

해설 복합관계부사 however뒤엔 형용사나 부사가 어울린다. 명사 앞엔 whatever (whichever) 가 어울린다.

20 정답 ④

The saddest places on earth are graveyards. / Not because dead people lie there, / but because dreams, talents, and purposes that never came to fruition / are buried there. / Graveyards are filled with books that were never written, / songs that were never sung, / and things that were never done. / You have talents that no one else can offer. / There are things you can do it [→ that] no one else is capable of doing / the way you can do them. /

지상에서 가장 슬픈 장소는 무덤이다. / 죽은 사람들이 거기에 누워있기 때문이 아니라 / 결코 열매 맺지 못한 꿈, 재능, 목표들이 / 거기에 묻혀있기 때문이다. / 무덤은 결코 쓰여 진 적이 없는 책들과 / 결코 불려 진적 없는 노래와 / 결코 행해진 적이 없는 것들로 가득 차 있다. / 여러분은 그 누구도 제공할 수 없는 재능을 갖고 있다. / 여러분은 할 수 있으나 다른 누구도 할 수 없는 것들이 있다 / 여러분이 그것들을 하는 방식으로

해설 선행사(things)를 두 개의 관계대명사 절이 꾸며주고 있다. 하나는 (that) you can do 이고, 다른 하나가 완성되려면 it 대신 that을 넣어야 한다.

Chapter 4. 시제

1. 시제

진단 테스트 정답 left

When the stranger died years later, he left the Peoria police department a million dollars.

그 이방인이 몇 년 후에 죽었을 때 그는 Peoria 경찰서에 백만 불을 남겼다.

해설 돈을 남긴 행위가 과거에 한 번 발생한 것이므로 과거시제가 옳다. 현재 완료는 어떤 식이던지 현재까지 영향을 미칠 때 사용한다.

Exercise

01 Fashions come and go, but astronauts' spacesuits remain → have remained the same for the past 40 years.

패션은 왔다가 사라진다, 그러나 우주비행사들의 우주복은 지난 40년 동안 똑같은 상태를 유지해왔다.

02 She had been worrying because she felt everyone at the → was

school was more talented and ambitious.

그녀는 학교에 있는 모든 이가 더 재능 있고 야망 있다고 느꼈기 때문에 걱정했다.

03 Preparing broccoli is extremely easy, so all you have to do is boil it in water just until it will be tender, three to five minutes. → is

시간의 부사절 (until)에서 미래대신 현재를 써야 해요.

브로콜리를 준비하는 것은 매우 쉽다. 그래서 여러분이 해야 할 전부는 그것이 연해질 때까지 3~5분 물에 끓이는 것뿐이다.

04 Students with high grades organize their time, planning when they complete their assignments. → will complete

높은 등급을 가진 학생들은 언제 그들이 과제를 완성할 지를 계획하면서 그들의 시간을 조직화 한다.

05 He wanted to know what kinds of girls her sisters were, what her father was like, and how long her mother has died. → had been dead

그는 그녀의 동생들이 어떤 종류의 소녀들인지, 그녀의 아버지는 어떠하신지, 그리고 그녀의 어머니는 얼마나 오래 전에 돌아가셨는지 알고 싶어 했다.

06 These family trips usually continue until their children will become teenagers. → become

이런 가족 여행들은 그들의 아이들이 십대가 될 때까지 계속된다.

07 Until photography was invented, most Americans have never seen a "true likeness" of their President. → had

사진이 발명될 때 까지 대부분의 미국인들은 그들의 대통령의 "진짜 닮은 모습"을 한 번도 본적이 없었다.

08 Pasteur believed that he had a cure for rabies, but he had never given it to a person ago. → before

「ago」는 정확한 과거시점에 사용하고, 「before」는 「막연히 전에」의 의미로 완료시제랑 어울려요.

파스퇴르는 자신이 광견병에 대한 치료제를 가진 것을 믿었지만 전에 그것을 사람에게 준적은 결코 없었다.

2. 조동사의 시제

진단 테스트 정답 must → should

Now the only trouble is that I don't have enough money to pay for it! I must should have thought more about my finances before I took such an expensive trip.

이제 유일한 문제는 나에겐 그것을 지불할 충분한 돈이 없다는 것이다. 내가 그런 비싼 여행을 떠나기 전에 나의 재정에 대해서 더 생각했었어야 했는데.

해설 must have pp는 "pp 했었음에 틀림없다"의 뜻이므로 문맥에 맞지 않는다. should have pp 가 "pp 했었어야 했는데"의 뜻을 가진다.

Exercise

01 Aldenderfer and his team hope that DNA analysis will pinpoint the origins of this isolated region's inhabitants, who may migrate from the Tibetan Plateau.
→ have migrated

조동사 문제는 반드시 해석을 해서 시제를 따져봐야 해요. 「조동사 + 동사원형」 같은 유치한 문제는 나오지 않아요.

Aldenderfer 와 그의 팀은 DNA 검사가 티벳 고원에서 이동했을 지도 모르는 이 고립된 지역의 주민들의 기원을 꼭 집어낼 수 있기를 희망한다.

02 We often hear stories of ordinary people who, if education had focused on creativity, could have become great artists or scientists. Those victims of education should receive training to develop creative
→ have received
talents while in school. It really is a pity that they did not.

우리는 종종 만약 교육이 창조성에 초점을 맞췄더라면 위대한 예술가나 과학자가 될 수도 있었을 평범한 사람들의 이야기를 듣는다. 그 교육의 희생자들은 재학 중에 창의적인 재능을 개발하기 위해 훈련을 받았어야 했는데. 그들이 받지 못한 것이 정말 유감이다..

03 Her eighty-one dogs inherited $14 million! In another case, an Ohio man left a will ordering that his money was spent to build a home for cats.
→ (should) be
그녀의 81마리의 개들은 천 4백만 달러를 상속받았다. 또 다른 경우에 한 Ohio의 남자는 그의 돈이 고양이들을 위한 집을 짓는데 사용될 것을 명령하는 유언장을 남겼다.

04 To change this, it is essential that everyone in a more privileged position has understood about the day-to-
→ (should) understand
day reality of poor people.
이것을 바꾸기 위해서 좀 더 특권 있는 위치에 있는 모든 사람들이 가난한 사람들의 일상적인 현실에 대해 이해하는 것이 필수적이다.

05 One explanation of the moon illusion involves relative size. This idea suggests that the moon look very large
→ looks
on the horizon because it is compared with trees, buildings, and other objects.

「suggest」 뒤에 무조건 동사원형 써야하는 거 배웠지? ㅋ

달 환상에 대한 한 가지 설명은 상대적인 크기를 수반한다. 이 생각은 달이 수평선에 있을 때 매우 크게 보인다고 제안하는데 이는 나무, 건물, 그리고 다른 물체들과 비교되기 때문이다.

06 It was difficult to determine exactly where the accident had taken place. Many witnesses insisted that the accident should take place on the crosswalk.
→ had taken
그 사고가 어디에서 일어났는지 정확하게 결정하는 것은 어렵다. 많은 목격자들은 그 사고가 횡단보도에서 발생했다고 주장했다.

3. 가정법

진단 테스트 정답 be → have been

Micky and I would be lonely those long nights when the cold wind whistled around the home if it had not been for our friends who were in the stories.

소설에 있었던 우리의 친구들이 없었더라면 차가운 바람이 집 주위를 불었을 때 Micky와 나는 그 긴 밤에 외로웠을 텐데.

해설 기본 시제가 과거에 맞춰진 문장이다. 가정법을 사용한다면 한 시제 앞선 과거완료가 정답이다.

Exercise

01 We feel as if the day they entered our school was
→ were

yesterday, and now we see them proudly receiving their graduation certificates.

「as if」는 앞은 직설법, 뒤는 가정법이 올 수 있어요.
가정법에서는 「was」는 사용하지 않아요.

우리는 그들이 우리 학교를 들어온 날이 마치 어제 인 것처럼 느껴지고 이젠 우린 그들이 졸업증명서를 받고 있는 것을 자랑스럽게 보고 있다.

02 Even though most of the passers-by were most likely rushing to work, the scene might be quite different if
→ have been

they had known that the young musician was Tony Adamson, a world famous violinist.

비록 대부분의 지나가는 사람들이 직장으로 필시 서두르고 있었음에도 불구하고 만약 그 젊은 음악가가 Tony Adamson, 즉 세계적으로 유명한 바이올리니스트라는 것을 알았더라면 그 장면은 꽤 달랐을 텐데.

03 Therefore, he did not turn and he strode on as if he heard nothing.
→ had heard

「as if」에서 뒤의 내용이 앞과 같은 시간대에 일어나면 과거로, 더 앞선 시간대면 과거완료로 표현해요.

그러므로, 그는 돌아보지 않고 마치 아무것도 못 들은 것처럼 계속 걸어갔다.

04 But do you ever wonder how you act if you were put to the test?
→ would you act

그러나 당신이 그 시험에 놓인다면 어떻게 행동할지 의문을 가져봤나요?

05 Years ago, I would respond to this petty annoyance
→ would have responded

with a pointless, immature outburst of anger.

몇 년 전이었더라면 나는 이런 옹졸한 성가심에 대해서 부적절하고 미숙한 분노의 표출로 반응했었을 텐데.

06 Thus, if you had turned a light toward Mars that day, it had reached Mars in 186 seconds.
→ would have reached

그리하여 만약 당신이 그날 화성을 향해 전등을 켰다면 그것은 186초안에 화성에 도달했을 텐데.

07 For example, experienced early mariners knew that if they sailed in a certain direction for a certain period of
→ had sailed

time, they would have found their destination.

예를 들어, 경험 많은 초기 어부들은 그들이 어떤 방향으로 어떤 시간만큼 항해한다면 그들의 목적지를 발견할 수 있다는 것을 알고 있었다.

08 A policeman, who was on the beach, said that if Clauss haven't reacted so quickly and decisively, there would
→ hadn't

have been two drownings instead of one.

그 해변에 있었던 한 경관은 만약 Clauss가 그렇게 빠르고 결단력 있게 반응하지 않았더라면 한 명 대신 두건의 익사사고가 있었을 것이라고 말했다.

실전 문제

01 정답 **go / wanted**

When it was suggested / we go to the shopping mall, / everybody but my wife was enthusiastic. / She begged off, / insisting she wanted to get some baking done that afternoon.

제안되었을 때 / 우리가 쇼핑몰에 가자고 / 내 아내를 제외한 모두가 열성 적이었다. / 그녀는 빼달라고 간청했다 / 그녀가 그날 오후 빵 굽기를 원했 다고 주장하면서

해설 첫 번째는 "쇼핑몰 갔으면" 하는 미래형 소망이니까 should를 사용 했다가 생략한 것이고, 두 번째는 "빵 굽는 것을 원했던" 사실이니까 should 사용과 관계가 없으므로 일반적 시제의 일치를 적용한다.

02 정답 **go / wanted**

Then, I overheard the woman behind us / whisper to her husband, / "Look at those two, probably out on one of their first dates!" / At the time, we had been married for thirteen years!

그때 나는 우리 뒤에 있던 여자 말을 우연히 들었다 / 그녀의 남편에게 속 삭이는 것을 / "저기 아마도 첫 데이트 나온듯한 둘을 봐요! / 그 때 우리 는 13년간 결혼을 유지해온 상태였다.

해설 과거가 기준인데 (at the time) 그 이전의 상태이므로 과거완료로 표 현해야 한다.

03 정답 **has**

"According to her, / my going to medical school is just another example / of how I don't listen. / She insists / she has always told me to marry a doctor, not become one."

"그녀에 따르면 / 내가 의대로 간 것은 단지 또 다른 예이다 / 내가 얼마나 말을 듣지 않는지의 / 그녀는 주장한다 / 그녀는 나에게 항상 의사가 되지 말고 의사와 결혼하라고 말했다고"

해설 주장하다(insists)가 나왔다고 항상 that 절 안에 should 쓰는 것은 아 니다. 이미 일어난 일이므로 ("얘기해 왔다") 앞으로의 바람과는 관계 가 없으므로 평범한 시제의 일치를 적용한다.

04 정답 **had been bothering**

The teeth had been bothering David for some time. / He knew / he should have gone to the dentist's earlier. / But he had put it off.

이는 David를 얼마간 괴롭혀왔다./ 그는 알고 있었다. / 그가 치과에 갔어 야 했다는 것을 / 그러나 그는 그 일을 미루었었다.

해설 글 전체에 흐르는 시제는 과거이다. 이가 괴롭힌 것은 그 이전부터 일 어난 일이므로 과거완료가 정답이다.

05 정답 **wash**

After the birth of our second son, / my husband was bottle-feeding him in my hospital room, / when a nurse marched in and demanded / that he wash his hands / and put on a hospital gown.

우리의 둘째 아들의 출생 후 / 내 남편은 내 병실에서 그에게 분유를 먹이 고 있었다 / 그 때 한 간호사가 행진하듯 들어와 요구했다 / 남편이 손을 씻고 / 병원 가운을 입을 것을 /

해설 간호사가 요구한 시점에서 "앞으로 그 일이 일어나길" 바라는 것이면 조동사 should를 사용 후 생략한 것이 맞다.

06 정답 **does**

Researchers believe / crying and laughing stem from the same part of the brain./ Just as laughing produces a lot of healthy benefits, / scientists are discovering that crying does too.

연구원들은 믿는다 / 우는 것과 웃는 것이 뇌의 같은 부위에서 나온다는 것을 / 웃는 것이 많은 건강한 혜택을 만드는 것처럼 / 과학자들은 우는 것 도 그렇다는 것을 발견한다. /

해설 문맥으로 볼 때 일반동사 "produces"를 대신 받는 상황이므로 does 로 사용해야 한다.

07 정답 **must**

"The dogs on that show are really loud. / It's funny / when the electricity went out, / I thought I had turned the TV off. / But I must have turned the volume all the way up instead."

그 쇼에 나온 개들은 진짜 소리가 컸다. / 재미있다 / 전기가 나갔을 때 / TV를 껐다고 생각했다. / 그러나 나는 그 대신에 볼륨을 최대한 높였음에 틀림없다."

해설 문맥으로 볼 때 "볼륨을 높였음에 틀림없다"가 더 "높였어야 했는데" 보다 더 적합하다.

08 정답 **remain**

Edison worked primarily on useful inventions, / saying that he wanted to make as much money as possible. / However, he did not make the fortune, / because he insisted / that his inventions should remain exactly as he created.

Edison은 주로 유용한 발명품에 매달렸다, / 그는 가능한 한 많은 돈을 벌 고 싶다고 말하면서 / 그러나 그는 큰돈을 벌진 못했다, / 왜냐하면 그는 주장했기 때문이다 / 그의 발명품이 그가 창조한 그대로 정확하게 남아있 어야 한다고 /

> 과거의 내용이니까 「should have pp」 써야하는 거 배웠지? ㅋㅋㅋ

해설 주장한 시점에서 "~되기를 바랄 때" (should) 동사원형이 적합하다.

09 정답 must soon have realized

Our early ancestors may have used the fingers of their hands or cut notches like /// on tree branches to indicate how many apples they had picked that day. / But they must soon have realized / that no tree branch could be long enough to count a very large number of apples.

우리 초기 선조들은 그들의 손가락이나 나무 가지에 /// 같은 벤 자국을 사용했을지도 모른다 / 그날 그들이 얼마나 많은 사과를 땄는지를 가리키기 위해서 / 그러나 그들은 곧 깨달았음에 틀림없다 / 어떤 나무 가지도 대단히 많은 수의 사과를 셀 정도로 길 수는 없다는 것을 /

해설 과거의 일에 대한 추측이므로 "must have pp"가 옳다.

10 정답 cannot

College is totally different from high school / because you are on your own. / I cannot stress too much about the idea of learning independence.

대학은 고등학교와는 완전히 다르다 / 왜냐하면 여러분은 스스로 해야 하기 때문이다 / 나는 독립심을 배운다는 생각의 중요성을 아무리 많이 강조해도 지나치지 않는다.

해설 조동사 can과 too 가 결합되어 "아무리 ~해도 지나칠 수 없다"라는 표현을 만들 수 있다.

11 정답 should

Her father was interested / that she was so desperate to pray after the test, / so he listened closely and heard her pray, / "Lord, please, please, please make London the capital of France." / Perhaps she should have prayed / that God would help her study hard before the test.

그녀의 아버지는 관심이 있었다 / 그녀가 시험 후 기도하는 데 그렇게 필사적인 것에 / 그래서 가까이서 귀 기울이고 그녀가 기도하는 것을 들었다, / "주여, 제발, 제발, 제발 런던을 프랑스의 수도로 만들어 주세요." / 아마도 그녀는 기도했어야 했는데 / 신이 시험 전에 그녀를 열심히 공부하도록 도울 수 있도록

해설 과거에 대한 후회 "~했어야 했는데"는 should have pp 가 맞다.

12 정답 are

This, / it should be noted, / was at a time / when the principles of racial equality and brotherhood were by no means so widely acknowledged / as they are now.

This, / it should be noted, / was at a time / when the principles of racial equality and brotherhood were by no means so widely acknowledged / as they are now.

해설 앞에 나온 동사 "were acknowledged"를 대신 받아야 하는데 동사가 두 개로 구성되어 있을 때는 앞의 동사를 대표로 생각한다.

13 정답 must

In schools, /we all learned that dinosaurs were slow and cold-blooded reptiles. / However, the opposite may be true. / New scientific evidence shows / dinosaurs must have been warm-blooded animals / that behaved more like mammals than reptiles.

학교에서, / 우리 모두는 공룡들은 느리고 냉혈 파충류였다는 것을 배웠다. / 그러나 그 반대도 옳을 수 있다. / 새로운 과학적 증거는 보여준다 / 공룡들이 온혈동물이었음에 틀림없었다는 것을 / 파충류보다는 포유류처럼 행동했던

해설 글의 흐름상 과거에 "~했음에 틀림없다"가 "~했었어야 했는데"보다 더 자연스러우므로 must have pp 가 정답이다.

14 정답 must

Some scientists believe that it is a natural rock formation, / and that it may have been changed by the people of an ancient civilization. / Other scientists say that it must have been made by man.

몇몇 과학자들은 그것이 자연스러운 암석 형성이라고 믿는다 / 그리고 그것이 한 고대 문명의 사람들에 의해서 바뀌었을지도 모른다고 믿는다. / 다른 과학자들은 그것이 인간에 의해 만들어 졌음에 틀림없다고 말한다.

해설 글의 흐름상 과거에 "~했음에 틀림없다"가 "~했었어야 했는데"보다 더 자연스럽다. 역시 must have pp가 정답이다.

15 정답 ③

Excavations revealed / that piles of wood had been placed around these structures / and set on fire. / Some archaeologists think / that the ancient urban people must burn [→ must have burned(burnt)] their temples / and left their city in anger against their gods for permitting a long famine.

발굴은 드러냈다 / 나무 쌓아 놓은 것들이 이 구조물 주위에 위치해 있었고 불 질러 졌다는 것을 / 몇몇 고고학자들은 생각한다 / 그 고대 도시 사람들이 틀림없이 그들의 신전을 불태웠다고 / 그리고 그처럼 긴 기아를 허용한 것 때문에 그들의 신에 대한 분노 속에서 그들의 도시를 떠난 것에 틀림없다고

해설 글의 흐름상 과거에 "~했음에 틀림없다"이므로 ③이 must have pp 의 형태가 되어야 한다.

16 정답 ③

If this is the case in your family, / the best thing is to pick a time / when you can sit down and talk privately to your Mom or Dad. / They may be a little embarrassed, / as their parents may not talk [→ may not have talked] to them about puberty, / so you may need to give them a little time to get used to talking about these things.

만약 이것이 당신 가족의 경우라면 / 가장 좋은 것은 시간을 고르는 것이다 / 여러분이 앉아서 개인적으로 엄마나 아빠에게 말할 수 있는 / 그들은 조금 당황할지도 모른다 / 왜냐하면 그들의 부모님들이 그들에게 사춘기에 대해 말하지 않았을지도 모르기 때문에 / 그래서 여러분은 그들에게 이런 것들에 대해 말하는 데 익숙해지기 위해 약간의 시간을 줄 필요가 있을 지도 모른다.

해설 과거에 대한 추측이므로 ③번이 may have pp의 형태가 되어야한다.

17 정답 ③

An environment-agency official tells a surprising incident about some people / who lived in an apartment building close to a busy state highway. / The families were made miserably [→ miserable] by the noise, / and they complained to the city government. / City officials went to the state capital again and again / to ask that something be done about quieting the highway noise. /

한 환경단체 공무원이 몇몇 사람들에 대한 놀라운 사건을 말한다 / 분주한 주 고속도로에 가까운 아파트 건물에 살았던 / 그 세대들은 소음에 의해 비참해졌고 / 그들은 시정부에 불평했다. / 시 공무원들은 그 주 수도로 반복해서 찾아갔다 / 그 고속도로 소음을 잠잠하게 하는데 대하여 무언가 이루어 질 것을 요청하기 위해

해설 그 가족들이 "비참한 상태"로 변한 것이므로 ③번이 형용사로 표현되어야 한다.

18 정답 ④

Last week I fell off my bike. / I bruised my elbow / and sprained my wrist, / but my injuries would have been worse / if I hadn't been wearing my bicycle helmet. / "Tell your friends what happened to you," the doctor said, / "so they'll be sure to wear their helmets, too." / I did what the doctor said, / and got [→ getting] a few kids to wear helmets is not a big deal. /

지난 주 나는 자전거에서 넘어졌다. / 팔꿈치에 찰과상을 입었고 / 손목을 삐었다. / 그러나 나의 부상은 더 악화되었을 것이다 / 만약 내가 자전거 헬멧을 쓰지 않았더라면 / "친구들에게 너에게 일어난 일을 말해주어라," 의사가 말했다, / 그들도 헬멧 착용하는 것을 확실히 하도록 / 나는 의사가 말한 것을 행했다 / 몇몇 아이들을 헬멧 착용하게 만드는 것은 대단한 일이 아니었다. /

해설 and 뒤의 절에서 주어가 없다. 그러므로 ④번이 주어로 사용되도록 동명사로 바뀌어야 한다.

19 정답 ③

Everyone brought out gifts for Mary: / stockings from Elena, a purse from Steve, and a pair of very old silver earrings from Chris, / who said she had had them since she was a little girl. / Uncle Jack gave a lengthy speech about / what [→ how] Mary was like a daughter to him and to Aunt Barbara. / And then, he handed her an envelope / in which was tucked a fifty-dollar bill. /

모두가 Mary를 위해 선물을 꺼냈다 / Elena로부터 스타킹, Steve로부터 지갑, Chris 로부터 매우 오래된 은 귀걸이가 한 짝 / 그녀는 어린 소녀 때부터 그 귀걸이를 착용해 왔다고 말했다 / 삼촌 Jack은 장황한 연설을 했다 / Mary가 얼마나 그와 숙모 Barbara에게 딸 같은 지에 대해 / 그리고 나서 그는 봉투를 그녀에게 건넸다 / 그 안에는 50달러 지폐가 넣어져 있었다. /

『what』하고 『like』어울리는 거 알지? ㅋ

해설 해석상 "얼마나"가 필요하므로 ③번 what이 how로 바뀌어야 한다.

20 정답 ④

A large number of efficiency experts set up shop in London, / advertising themselves as knowledgeable about every type of new manufacturing process, trade, and business. / For a substantial fee, they would impart their knowledge to their clients. / But it soon became evident / that their knowledge was limited and of no practical value. / Doubtful industrialists started calling these self-appointed experts 'jacks of all trades and masters of none.' / These experts are still with us, / and as a result so does [→ is] the phrase. /

많은 수의 효율성 전문가들이 런던에 상점을 세웠다 / 그들 스스로를 모든 형태의 새로운 제조업 과정, 무역, 경영에 대해 지식 있는 것으로 광고하면서 / 상당한 수수료를 받고 그들은 고객들에게 그들의 지식을 나눠주곤 했다 / 그러나 곧 명확해졌다 / 그들의 지식이 제한적이고 실제적 가치가 없는 것으로 / 의심 많은 산업가들은 이 자칭 전문가들을 "모든 일에 손대지만 어는 하나 숙달되지 못한 jacks"이라고 부르기 시작했다. / 이런 전문가들은 아직도 우리와 함께 있다 / 그 결과로 그 구절도 우리와 함께 있다. /

해설 ④번이 받아주는 동사는 앞에 나온 are 이므로 같은 종류인 be 동사로 받아야 한다.

Chapter 5. 준동사

1. 준동사의 동사적 성질

진단 테스트 정답 vigorous → vigorously

Washing the face each day gets rid of dead skin cells, excess oil, and surface dirt, but too much cleansing or washing too vigorous can lead to dryness and irritation, which can make acne worse.

얼굴을 매일 씻는 것은 죽은 피부 세포, 초과된 기름, 그리고 표면의 먼지를 제거한다, 그러나 너무 많은 세척이나 너무 왕성하게 씻는 것은 건조함과 아픔을 일으킬 수 있고, 그것이 여드름을 악화시킬 수 있다.

해설 washing은 명사로 사용되고 있지만 아직도 동사의 성질이 남아 있어 부사로 꾸며주어야 한다.

Exercise

01 Brainstorming is roughly defined as any group activity involving of the pursuit of new ideas.

브레인스토밍은 새로운 아이디어 추구를 포함한 어떤 집단 활동으로 대략 정의된다.

02 The European continent is believed to split into many
→ to have split
sections which moved in many directions.

「split」은 「쪼개지다」라는 뜻도 있는 자동사예요. 많은 학생들이 「to be split」로 고치는데 자동사는 수동태가 될 필요 없고, 과거에 「쪼개졌던」 것이므로 「to have split」가 정답이에요.

유럽 대륙은 많은 방향으로 이동한 여러 지역으로 쪼개졌던 것으로 믿어진다.

03 His self-confidence contributes to building a positive self-image rapid.
→ rapidly

그의 자신감은 긍정적인 자아 이미지를 빠르게 형성하는데 기여한다.

04 Is it any wonder that some institutions, large run by a committee, are so poorly managed? → largely

하나의 위원회에 의해 대개 운영되는 몇몇 기관들이 그처럼 형편없이 관리되는 것이 놀랄 것이 있나요?

05 The point of doing homework is to help children absorb their lessons effective.
→ effectively

숙제를 하는 것의 요점은 아이들이 그들의 수업을 효과적으로 흡수하도록 돕는 것이다.

06 It means moving along with the winds of the time with the roots solid anchored in the ground.
→ solidly

그것은 뿌리는 땅에 견고하게 고정시킨 채 시대의 바람과 함께 움직이는 것을 의미한다.

07 There is almost no way to dispose of the parts of computers safe in a manner that is good for the environment.
→ safely

환경에 도움이 되는 방식으로 컴퓨터의 부품들을 안전하게 처리할 방법은 거의 없다.

08 The interior is decorated with elaborate carved wooden
→ elaborately
furniture and red-velvet-covered tables.

실내는 공들여 새겨진 나무로 만든 가구와 레드 벨벳으로 덮인 탁자로 장식되었다.

2. 목적보어로 사용되는 준동사

진단 테스트 정답 seeing → saw

Families on both sides seeing all their male members rush to become soldiers in the first weeks of the war.

양 편의 가족들은 모든 그들의 남성 멤버들이 전쟁 첫 몇 주간에 군인이 되기 위해 달려가는 것을 보았다.

해설 rush 가 본동사 같지만, 해석을 해보면 목적보어이고 오히려 saw가 본동사임을 알 수 있다.

Exercise

01 Running would actually make the fire to get worse
→ get
because the air would cause the fire get bigger and spread more quickly. → to get

달리는 것은 실제로 화재를 더 악화시키는 데, 이는 공기가 불을 더 크게 만들고 더 빠르게 퍼지게 하기 때문이다.

02 Some of the early personal accounts of anthropologists in the field make fieldwork sounding exciting, adventuresome,
→ sound
certainly exotic, sometimes easy.

그 분야에 있는 인류학자들의 초기 개인적인 설명 중 일부가 현장작업을 흥미롭고 모험적이고 분명 이국적이며 때론 쉬운 것으로 들리게 만들었다.

03 The convenience of such portable measuring devices enables you using the parts of the body as measurements.
→ to use

그러한 운반 가능한 측정 장치들의 편리함은 여러분을 몸의 일부분들을 측정 장치로 사용하도록 해준다.

04 The soldier denied the charge, and offered as proof of his innocence the fact that he had heard the bell in the clock tower of St Paul's Cathedral to strike thirteen times at midnight.

→ strike (striking)

그 병사는 그 혐의를 부인했고 자신의 무죄의 증거로써 그가 성 Paul 대성당의 시계탑의 종이 자정에 13번 치는 것을 들었다는 사실을 제시했다.

05 My friend's daughter found the endless review in preparation for these tests bored, and she wanted her

→ boring

teacher to teach instead of preparing for them.

내 친구의 딸은 이런 시험을 위한 준비로 끝없는 복습이 지루하다는 것을 발견했고 그녀는 선생님이 시험 준비가 아니라 가르쳐 주기를 원했다.

06 Let your positive attitude, not circumstances or past failures, determines how you view yourself.

→ determine

> 『let』이 사역동사인 것은 쉽지만, 목적보어를 최대한 뒤로 보내면 난도가 올라가요.

환경이나 과거의 실패가 아니라 당신의 긍정적인 자세가 어떻게 당신을 바라볼 지를 결정하도록 하라.

07 As a result, they develop a tolerance that should help them relating to people in later life.

→ relate (to relate)

결과적으로 그들은 이 후 인생에서 그들이 사람들과 연관되는 데 도와줄 관용을 발전시킨다.

08 Researchers have also found the sound of Styrofoam being rubbed together to be the second most irritated next to fingernails on a chalkboard.

→ irritating

연구원들은 또한 스티로폼을 함께 문지르는 소리가 칠판에 손톱 긁는 소리 다음 두 번째로 짜증을 유발한다는 것을 발견했다.

3. 부정사 vs. 동명사

진단 테스트 정답 to oil

She had a very good voice, except that some of her high notes tended to sound like a gate which someone had forgotten [to oil / oiling].

> 느낌이 중요하지, 논리가 밥 먹여줘?
> 『forget oiling』 느낌 팍!!!

그녀는 그녀의 높은 음조 중 일부가 누군가가 기름칠 할 것을 잊은 문처럼 소리를 내는 경향이 있다는 것을 제외하고 매우 훌륭한 목소리를 가졌다.

해설 문맥상 "기름칠 할 것을 잊은"이 "기름칠 한 것을 잊은"보다 더 자연스러우므로 부정사로 표현되어야 한다.

Exercise

01 It turned out that this money was the life savings of an old woman, and through his one act he probably saved her financial life, yet he refused receiving praise.

→ to receive

이 돈은 한 노파의 평생 저축한 것임이 드러났고 그의 하나의 행위를 통해서 그는 아마도 그녀의 재정적 삶을 구했지만 그는 칭찬 받는 것을 거부했다.

02 Sing a third higher or lower than the main melody line

→ Singing

often creates a pleasant harmony, but the exact interval between the notes will depend on the song.

주 멜로디 라인보다 세 번째 위 또는 아래로 노래하는 것은 종종 유쾌한 화음을 창조하지만 그 음조들 사이의 정확한 간격은 노래에 달려있다.

03 Often we find that the exhibitions you least expect to enjoy delivering the most inspiring results.

→ deliver

여러분이 즐거울 거라고 가장 적게 기대한 전시회들이 가장 영감을 주는 결과를 날라준다는 것을 우리는 종종 발견한다.

04 He has even said that Facebook can help stopping

→ to stop (stop)

terrorism by enabling Middle Eastern youths to connect with the Western world.

페이스북이 중동의 젊은이들을 서구 세계와 연결되도록 가능하게 함으로써 테러를 중단하는 데 도움을 줄 수 있다고 그는 심지어 말했다.

05 The study found that the injury related to a bee sting was no worse if you squeezed out the stinger compared to scrape it off.

→ scraping

벌 쏘임과 관련된 상처는 그것을 문질러 분리시키는 것과 비교되었을 때 침을 쥐어짜서 빼는 것이 더 악화되지 않는다고 연구는 밝혔다.

06 Just imagine the looks of surprise this assignment inspires in students who are so used to showcase their successes.

→ showcasing

이 과제가 그들의 성공을 과시하는데 익숙해져 있는 학생들에게 영감을 불어넣는 놀라움의 표정을 그냥 상상해보라.

07 He went from catching footballs to flip hamburgers twelve hours a day.

→ flipping

그는 미식축구 공을 잡는 일에서 하루 12시간 햄버거 뒤집는 일로 나아갔다.

08 When the train came to his station, he got up and stood patiently in front of the door, waiting for it opened.

→ to open

『열리기를 기다리는』 거니까 미래를 나타내는 부정사가 맞아요.
『이미 열린』 (opened)거를 기다릴 필요 없죠.
그리고 『open』에 '열리다'라는 뜻도 있어요.

기차가 그의 역에 들어왔을 때 그는 일어나서 그 문이 열리도록 기다리며 문 앞에서 참을성 있게 서있었다.

✔ 실전 문제

01 정답 **analyzing**

At that time, / getting rich information was very expensive, / and the tools for analyzing it / weren't even available until the early 1990s.

그 당시에 / 풍부한 정보를 얻는 것은 매우 비쌌다 / 그리고 그것을 분석하기 위한 도구들도 / 1990년대까지는 구할 수조차 없었다.

해설 analysis(분석) 도 명사라서 전치사 뒤에 쓸 수 있지만, 뒤에 따라 나온 it을 연결할 수 없다. 그러므로 목적어를 받을 수 있는 동명사가 정답이다.

02 정답 **blaming**

Forgiveness occurs in two stages. / In the first stage, / you stop blaming the person who hurt or wronged you.

용서는 두 단계로 발생한다. / 첫 단계에서 / 여러분에게 상처를 주거나 잘못한 사람을 비난하는 것을 중단한다. /

해설 글의 흐름상 "비난하던 것을 중단하다"가 맞기에 동명사가 정답이다. 부정사를 사용하면 "비난하기위해 하던 일을 멈추다"가 된다.

03 정답 **talking**

They would work very quickly for twenty or thirty minutes before taking a break / —to show what it was to be the best in the factory. / I remember talking with them: / each expressed enormous pride in being a part of the fastest, best team.

그들은 휴식을 취하기 전에 20분 혹은 30분 동안 매우 빠르게 일하곤 했다. / --공장에서 최고가 되는 것이 무엇인지 보여주기 위해 / 나는 그들과 말했던 기억이 난다. / 각자 가장 빠르고 최고의 팀의 일원이라는 것에 엄청난 자긍심을 표현했다.

해설 글의 흐름상 "말했던 것을 기억하다"가 맞기에 동명사가 정답이다.

04 정답 **talk / spending**

After hearing me talk about my job, / my young son looked forward with pleasure / to spending the day with me at the office.

나의 직업에 대해 내가 말하는 것을 듣고 난 후 / 나의 어린 아들은 기쁘게 고대했다 / 나와 사무실에서 그 날을 보낼 것에 대해서

해설 첫 번째는 지각동사(hearing)뒤의 목적보어이므로 동사원형이나 현재분사가 올 수 있다. 두 번째는 "with pleasure"를 묶어 내면 "look forward to"(고대하다)의 표현이 파악되는데, 이 때 "to"는 전치사이고, 증명 방법은 뒤에 아무 명사나 한 번 넣어봐서 말이 되면 전치사라는 것을 알 수 있다.

05 정답 **involved**

The report suggests / that many children are left to their own devices at these times / and some find themselves involved in illegal or dangerous activities.

그 보고서는 제안한다 / 많은 아이들이 이 시대에 자신만의 기계장치를 (쓰도록) 남겨진다고 / 그리고 몇몇은 자신이 불법이나 위험한 활동에 연루된 것을 발견한다고

해설 "involve"는 "포함하다, 수반하다"의 뜻을 가진 타동사, 즉 목적어를 취하는 동사이다. 그러므로 "involving"이라는 현재분사가 온다면 반드시 뒤에 목적어가 따라와야 한다. 그렇지 않다면 "연루된"의 과거분사가 옳다.

06 정답 eating

Since the mood-enhancing effect of carbohydrates takes time to work / and lasts just two to three hours, / Wurtman suggests eating several mini-meals on high-stress days.

탄수화물의 기분을 향상시키는 효과는 작동하려면 시간이 걸리기 때문에 / 그리고 불과 2-3 시간 지속되기 때문에 / Wurtman은 스트레스 많은 날엔 여러 번 미니 식사를 할 것을 제안한다.

해설 미래 방향의 동사들은 부정사를 목적어로 취하지만, suggest는 미래에 대한 제안이긴 해도 동명사를 취한다. 그 이유는 suggest (on) V-ing, 즉 전치사가 생략된 것으로 보기 때문이다.

07 정답 look

Stone is still part of a special kind of window, / but by replacing it with glass, / the architects could make the whole building look more airy and open.

돌은 여전히 특별한 유리창의 일부이다 / 그러나 그것을 유리로 대체함으로써 / 건축가들은 전체 건물을 좀 더 통풍이 잘 되고 개방된 것으로 보이게 만들 수 있다.

해설 사역동사(make)뒤에 목적보어로 사용된 동사원형이다.

08 정답 grow

He was one of my little brother's best friends / and one of those kids / that I watched grow up over so many years.

그는 나의 어린 남동생의 가장 친한 친구중 하나였고 / 그 아이들 중 하나였다 / 그렇게 많은 세월동안 성장하는 것을 지켜본

해설 지각동사 (watched) 뒤에 목적보어로 사용된 동사원형(grow)이 정답이다.

09 정답 to recycle

So the government launched a campaign / to get fastfood restaurants to recycle 90% of their waste.

그래서 정부는 캠페인을 시작했다 / 패스트푸드 식당으로 하여금 그들의 쓰레기 중 90%를 재활용하도록 시키기 위해서

해설 get(시키다)동사는 뜻은 사역동사와 비슷하지만, 권위를 가지고 강력하게 시키는 사역동사와는 달리 '설득'을 통해 시킨다는 점에서 일반동사로 처리한다. 당연히 미래의 행동이므로 'to 동사원형'으로 표현한다.

10 정답 from administering

Under our strict educational system, / universities are kept from administering their own entrance exams.

우리의 엄격한 교육 시스템 아래에서는 / 대학들이 그들만의 고유한 입학시험을 시행할 수 없다.

해설 문맥으로 보아 그 행위를 못하도록 막는다는 의미이므로 'keep ~ from 동명사' 구조가 옳다.

11 정답 threatening

Another reason the tribe does this / is to make them seem threatening to their enemy.

그 부족이 이런 일을 하는 또 다른 이유는 / 그들을 그들의 적에게 위협적으로 보이도록 만드는 것이다.

해설 내용상 그들 입장에서 적들에게 '위협을 주는' 입장이므로 능동의 의미를 갖는 현재분사가 옳다.

12 정답 amused

When my son was four, / there were times when I told him to do something / and he just said, "No." / I'd look at him in amazement, / admiring his courage / and amused by his boldness.

내 아들이 4살일 때 / 내가 그에게 무언가를 하도록 말한 시간들이 있었다 / 그리고 그는 "아뇨."라고 말했던 / 나는 그를 놀라서 쳐다보곤 했다 / 그의 용기를 감탄하고 / 그의 대담함에 즐거워하면서

해설 내용상 "아들의 대담함에 의해 즐겁게 된" 것이므로 과거분사가 옳다.

13 정답 restricting

Roosevelt served four terms, / and after his death during his last term in office, / a law restricting the number of terms a president could serve / was passed.

루스벨트는 4번의 임기동안 (대통령 직을) 수행했다 / 그리고 재임 중 마지막 임기 중에 사망한 후 / 대통령이 수행할 수 있는 임기의 수를 제한하는 법이 / 통과되었다.

해설 "법"이 뒤 부분을 제한하는 것이므로 능동의 의미인 현재분사가 (restricting) 옳다.

14 정답 repaired

Getting the chain repaired proved difficult, / so my mother sent it to me / and suggested I seek the help of the goldsmith who'd made it.

그 목걸이 체인을 수리시키는 것은 어려운 것으로 판명되었다 / 그래서 나의 어머니는 그것을 나에게 보냈고 / 내가 그것을 만든 금세공업자의 도움을 찾도록 제안하였다.

해설 "get(have) + 사물 + 과거분사"의 구문은 사람보다 사물이 더 중요할 때 쓰인다.

15 정답 wearing

At last, the little girl arrived at her grandmother's, / opened the door, / and saw someone in her grandmother's bed wearing her grandmother's clothes.

마침내 그 어린 소녀는 할머니 댁에 도착했고 / 문을 열었고 / 할머니의 침대에서 누군가가 할머니의 옷을 입고 있는 것을 보았다.

해설 지각동사 (saw)뒤에 목적어 나오고 목적보어로 사용가능한 것은 현재분사와 동사원형 두 가지이다.

16 정답 ③

Inspired by the "slow food" movement, / growing numbers of people want their vacation to be something more than a vague memory / of uncomfortable plane rides and rushes [→ rushed] sightseeing tours. / They are encouraged by a sense of adventure / as well as a taste for real experience. /

"슬로우 푸드" 운동에 영감을 받아, / 날로 늘어나는 수의 사람들이 그들의 휴가가 희미한 추억을 넘어서는 무언가가 되기를 / 불편한 비행기 탑승과 서둘러진 관광의 / 그들은 모험심에 의해서 북돋아진다 / 진정한 경험에 대한 취향뿐만 아니라 /

해설 전체 문장을 볼 때 ③이 본동사 자리는 아니고, "tours"를 꾸며주는 과거분사가 흐름상 적당하다.

17 정답 ④

She is surrounded by important-looking people. / It is the picture of Mother Teresa receiving the Nobel Peace Prize! / Fulghum says he keeps that picture there to remind himself / that, more than a president of any nation, more than any pope, more than any chief executive officer of a major corporation, / and that [→ that] woman has authority / because she is a servant. /

그녀는 중요하게 보이는 사람들에 의해 둘러 싸여 있다. / 그것은 노벨 평화상을 받고 있는 테레사 수녀의 사진이다. / Falghum은 그 사진을 그에게 상기시켜주기 위해 거기에 간직한다고 말한다 / 어느 나라의 대통령 이상으로, 어느 교황 이상으로, 대기업의 어느 최고 경영자 보다 / 그 여인이 권위를 갖고 있다는 것 / 그녀가 하인이기 때문에 /

해설 접속사 that 뒤에 3개의 부사구가(more ~ corporation) 등장하고 이젠 주어가 나와야지 갑자기 접속사(and)가 나오면 안 된다.

18 정답 ③

And we're hoping you'll be willing to help these students / make it through the program. / As you know, / the costs of providing first-rate education just keep going up. / We've done everything we can / contain [→ to contain] costs / without compromising quality. One of those things / is to set up a scholarship fund for students with special financial needs. / We hope you would consider contributing generously to our fund. /

그리고 우리는 여러분이 이 학생들을 기꺼이 돕기를 희망한다 / 그 프로그램을 끝낼 수 있도록 / 여러분도 알다시피 / 1등급 교육을 제공하는 비용은 계속 상승하고 있을 뿐이다. / 우리는 우리가 할 수 있는 모든 일을 했다 / 비용을 담아내기 위해서 / 질과 타협하지 않으면서 / 그런 일들 중에 하나는 / 특별한 재정적 필요가 있는 학생들에게 장학재단을 세우는 것이다. / 우리는 여러분이 우리의 기금에 관대하게 기부할 것을 고려해주길 희망한다. /

해설 everything을 관계대명사절 (that we can do)가 꾸며주는 구조이다. 단, 관계대명사(목적격)인 that을 생략했고, do도 의미상 큰 문제가 없어서 생략시키는 바람에 난도가 올라갔다.

19 정답 ③

Albert Einstein talked about what influenced his life as a scientist. / He remembered seeing a pocket compass when he was five years old / and marveled [→ marveling] that the needle always pointed north. / In that moment, Einstein recalled, / he "felt something deeply hidden behind things." /

알버트 아인슈타인은 과학자로서 그의 인생에 영향을 준 것에 대해 말했다. / 그는 5살 때 호주머니용 나침반을 본 것을 기억했다 / 그리고 바늘이 항상 북쪽을 가리킨 것을 신기하게 여겼던 것을 / 아인슈타인은 회상했다, 그 순간에 / 그는 사물 뒤에 깊이 숨겨진 무언가를 느꼈다고 /

> 해석 그 딴 것 해서 무해! 딱 봐도 「remembered」와 병렬이구만..... 즉

해설 해석을 해보면 marveling 은 seeing 과 병렬구조임을 알 수 있다.

20 정답 ②

If you want to suck the liquid out of the inner parts of the phone, / try using a vacuum cleaner. / Remove all residual moisture / by drawing it away, / with a vacuum cleaner holding [→ held] / over the affected areas for up to twenty minutes. / This way you can completely dry out your phone / and get it working in thirty minutes. /

만약 여러분이 전화기의 안쪽 부품에서 액체를 빨아내고 싶다면 / 진공청소기를 한 번 사용해 보라. / 모든 남아있는 습기를 제거하라 / 그것을 끌어냄으로써 / 진공청소기를 붙들고 / 영향 받은 부위에 20분 동안 / 이런 식으로 여러분은 전화기를 완전히 말릴 수 있고 / 30분 내에 작동하게 만들 수 있다. /

해설 held 가 진공청소기를 꾸며주므로 수동관계로 보아야 한다. ④는 '시키다'의 의미일 때 'get + 목적어 + to V' 도 사용하지만 'get machine working' 으로 사용할 수도 있다.

Chapter 6. 품사편

1. 형용사 VS. 부사

진단 테스트 정답 effectively

Our immune systems are not functioning as effectively as they do when we are well rested.

우리의 면역 체계는 우리가 잘 쉴 때 작동하는 것만큼 효과적으로 작동하고 있지 않다.

「as - as」 사이엔 형용사만 들어온다는 것은 대단한 착각이에요. 형용사, 부사 모두 원급 / 비교급 / 최상급이 가능해요. 중요한 것은 문장 내에서 어느 것이 필요하냐는 거예요.

해설 as - as 사이에는 원급이기만 하면 형용사나 부사 모두 들어올 자격이 있다. 중요한 것은 문장에서 필요한 것이 무엇이냐 인데, 동사를 (functioning) 꾸며주는 상황이므로 부사가 필요하다.

Exercise

01 These courses are arranged alphabetically by each department in order that the student may choose which courses he wants to take.

이 강좌들은 학생들이 원하는 어느 과목이든 선택할 수 있도록 각 학과에 의해 알파벳순으로 배열되어 있다.

02 How do you think the miner made the seemingly impossible mission possible?

여러분 생각에 어떻게 그 광부가 겉으로 보이기에 불가능한 임무를 가능한 것으로 만들었을까요?

03 Cultures as diverse as the Japanese, the Guatemalan Maya, and the Inuit of Northwestern Canada practice it.

일본인들, 과테말라 마야인들, 그리고 북서 캐나다의 이누잇인들 같은 다양한 문화들이 그것을 실천한다.

04 Older drivers in the poll were more confident in their ability than younger ones.

그 조사에서 나이든 운전자들이 젊은 운전자들 보다 그들의 능력에 있어서 더 확신하고 있었다.

05 Where exactly do you look for inspiration? A British designer says, "You can find inspiration in everything and if you can't, you're not looking correctly — so look again."

여러분은 어디서 정확하게 영감을 찾나요? 한 영국의 디자이너는 말한다, "여러분은 모든 것 안에서 영감을 찾을 수 있어요. 그리고 만약 찾을 수 없다면 여러분은 옳게 보고 있지 않는 것이죠. -- 그래서 다시 봐야죠."

06 Dreams do not follow the laws of logic that control our waking thoughts. People who are dead, we see alive.

꿈들은 우리의 깨어있는 생각을 통제하는 논리의 법칙을 따르지 않는다. 죽은 사람들을 우리는 살아있는 것으로 보게 된다.

07 Since the early days of the electrical revolution, electricity has been recognized as hazardous to humans.

전기 혁명의 초기 시절 이래로 전기는 인간에게 위험한 것으로 인식되어왔다.

08 In some African countries, elephants are near extinction because they are hunted for their ivory tusks, which are then sold for a marginal profit on the black market.

「near」는 형용사(가까운), 부사(가까이), 전치사(~에 가까운) 다 가능해요. 지금은 「extinction」이라는 명사 앞에 나올 수 있는 전치사가 제격이에요. 참고로 「nearly」는 '거의'의 뜻이기 때문에 'nearly extinct'로 사용할 수 있어요.

몇몇 아프리카 국가에서 코끼리들이 멸종근처에 다가갔는데 이는 상아 때문에 그들이 사냥당하기 때문이고, 그 상아는 다시 암시장에서 미미한 이익을 남기고 팔려나간다.

2. (대)명사

진단 테스트 정답 their → its

In spite of its close location to these countries, however, Korea has remained free of the deadly disease.

그러나 이런 나라에 그것의 가까운 위치에도 불구하고 한국은 그 치명적인 질병이 없는 상태로 남아있었다.

해설 대명사가 앞에 나온 경우이다. 해석상 their는 한국을 가리키므로 당연히 단수가 되어야 한다.

Exercise

01 He also knew of the Middle East and had a dim knowledge of the massive Asian continent beyond one.
→ it

그는 또한 중동에 대해 알고 있었고 그것 넘어서 거대한 아시아 대륙에 대한 희미한 지식을 갖고 있었다.

02 Thousands of these technical terms are very properly included in every large dictionary; yet, as a whole, they are rather on the outskirts of the English language than actually within their borders.
→ its

수 천 개의 이런 기술적인 용어들이 모든 대형 사전에 적절하게 포함되어있다; 그러나 전반적으로 그들은 영어의 경계선 안 이라기보다는 경계선위에 놓여 있다.

03 There was an emotional brain long before a rational it.
→ one

이성적인 두뇌 오래전에 감정적인 두뇌가 있었다.

04 The pyriform shape is particularly important for cliff-nesting birds as its eggs would smash on the rocks below if they rolled away from the nest.
→ their

서양 배 모양은 절벽에 둥지를 트는 새들에게 특히 중요한데 그들의 알들이 만약 둥지에서 굴러 떨어진다면 아래에 바위에 박살날 것이기 때문이다.

05 Children who draw as they discuss an emotional experience can give twice as much information as those who only talk about them.
→ it

감정적인 경험을 토론하면서 그림을 그리는 아이들은 그 경험에 대해 말만 하는 아이들보다 두 배의 정보를 줄 수 있다.

06 As the weather becomes too cool for the beach, some of the most enthusiastic sun lovers are flocking to tanning beds to preserve his summertime color.
→ their

날씨가 해변가기엔 너무 시원하기에 가장 열성적인 햇빛 애호가들 중 일부는 그들의 여름철 색을 보존하기 위해 썬탠 침대로 모여들고 있다.

07 Microphones in the ear canals pick up sound, then digitize and send them wirelessly to a device attached to the teeth.
→ it

외이도안의 마이크가 소리를 들을 수 있고, 그것을 디지털로 전환시키고 무선으로 치아에 부착한 장치로 보낼 수 있다.

08 The first thing I notice upon entering this garden is that the ankle-high grass is greener than those on the other side of the fence.
→ that

내가 이 정원에 들어오자마자 주목한 첫 번째은 무릎 높이의 풀이 담장 너머의 그것보다 더 녹색이라는 것이다.

3. 전치사 VS. 접속사

진단 테스트 정답 Since

Since the early days of the organization, it has struggled against nuclear testing.

그 조직의 초기 시절부터 그것은 핵 실험에 맞서 투쟁해왔다.

해설 When 은 접속사로만 사용되지만, Since는 접속사와 전치사의 기능을 모두 갖췄다. 문제에서는 뒷부분이 명사로만 이어졌기 때문에 전치사 Since가 와야 한다.

Exercise

01 Albatrosses are called "gooney birds" by sailors because the extreme difficulty they experience in taking off and landing, but once they are on the wing the flight is unexcelled by that of any other bird.
[본동사 X, because → because of]

뒤에 엄청 길구먼......
절이라는 것을 설마 모르는 건 아니겠지? ㅎㅎㅎ

신천옹은 이륙하고 착륙할 때 그들이 겪는 극도의 어려움 때문에 선원들에 의해 "gooney birds"라고 불리우 지만, 일단 그들이 날개를 펴면 그 비행은 다른 어떤 새들에 의해서도 능가될 수 없다.

02 Cervantes received a gunshot wound while a naval battle with the Turks, which permanently crippled his left hand, and on his way back to Spain he was captured by some pirates and held prisoner for five years.
[본동사 X, while → during]

세르반테스는 투르크족과의 해상전투동안 총상을 입었는데 이것이 그의 왼 손을 절름거리게 했고 스페인으로 돌아오는 중에 그가 해적들에게 붙잡혀 5년간 죄수로 억류되었다.

03 When the price of nonrenewable energy sources rising high, we have to take a closer look at the alternative energy sources.
[본동사 X, When → With]

재생 불가능한 에너지 원천의 가격이 높이 오르면서 우리는 대체 에너지 원천을 세심하게 살펴봐야 한다.

04 Because the enormous responsibility associated with being a police officer, certain personal qualities are considered key for future officers, such as responsibility, good judgments, and the ability to make quick decisions.

[본동사 X, Because → Because of]

경관이 되는 것과 관련된 거대한 책임감 때문에 책임감, 훌륭한 판단력, 그리고 빠른 결정을 내리는 능력같은 어떤 개인적 특징들은 미래 경관에게 핵심으로 여겨진다.

05 Despite not always avoidable, there are some steps you can take to avoid hitting a deer.

[본동사 0 (it is 생략), Despite → Though]

항상 피할 수 있는 것은 아니지만 사슴 치는 것을 피하기 위해 여러분이 취할 수 있는 몇 가지 단계들이 있다.

06 The waist measurement can be helpful because many people find themselves changing their muscle to fat as they go through midlife.

[본동사 0, 틀린 곳 X]

허리 측정은 도움이 될 수 있는데 이는 많은 사람들이 중년을 통과하면서 그들 자신이 근육을 지방으로 바꾸고 있음을 발견하기 때문이다.

07 It is because their communicative properties that intense debates continue over the true role of the arts in today's world.

[본동사 X (It is ~ that 강조 구문, because → because of)]

오늘날 세계에서 예술의 진정한 역할에 대해 강력한 논쟁이 계속되는 이유는 바로 예술의 의사소통적인 특징 때문이다.

∨ 실전 문제

01 정답 **during**

Matching up the information about diet and movement, / the researchers found / that during the dry season / some elephants ventured out of Samburu / to eat tasty crops at a farm.

식생활과 운동에 대한 정보를 맞춰보면서 / 그 연구원들은 발견했다 / 건기동안에 / 몇몇 코끼리들은 Samburu까지 나가는 모험을 한다고 / 농장에서의 맛있는 작물을 먹기 위해서

해설 뒤에 이어지는 부분이 명사로 (season)끝나기 때문에 전치사, during 이 정답이다.

02 정답 **Although**

Although the size of the job and the location differ, / keeping a whole building and a single apartment clean and in good condition / requires the same kind of work.

비록 그 일의 규모와 장소가 다르지만 / 전체 건물과 하나의 아파트를 깨끗하고 좋은 상태로 유지하는 것은 / 똑같은 종류의 일을 요구한다.

해설 뒤에 본동사 (differ)가 확인되기 때문에 접속사, Although 가 정답이다.

03 정답 **that we notice**

Most of the time we are unaware of / what is happening in our bodies; / usually it is only when we get sick that we notice.

대부분의 시간 우리는 자각하지 못한다. / 우리 몸 안에서 무슨 일이 일어나고 있는지 / 보통 우리가 자각하는 것은 우리가 아플 때뿐이다.

해설 "It is ~ that" 강조구문이다.

04 정답 **that**

It wasn't until I took a British Literature course in college that I found out the origin of this act.

내가 대학에서 영국 문학 강좌를 들어서야 비로소 이 행동의 기원을 발견했다.

해설 "It was ~ that" 강조구문이다.

05 정답 **because of**

We study philosophy / because of the mental skills it helps us develop.

우리는 철학을 공부한다 / 그것이 우리에게 개발하도록 돕는 정신적 기술 때문에

해설 "it helps ~"는 목적격 관계대명사가 생략되어 일어난 현상이다. 결국 관계대명사절을 빼고 나면 명사만 (skills) 남기에 전치사가 들어가야 한다.

06 정답 **psychologically**

Although air conditioning is the invention that keeps us cool and comfortable in the summer, / it also has left many of us psychologically unprepared to deal with the outdoors.

비록 에어컨이 우리를 여름에 시원하고 편안하게 해주는 발명품이지만 / 그것은 또한 우리 중 많은 이들을 야외에 대처하는데 심리적으로 준비가 채 안된 상태로 남겨둔다.

해설 "unprepared"는 동사의 성질을 지닌 분사이다. 꾸미고 싶을 땐 부사를 이용해야 한다.

07 정답 confident

These discoveries are making scientists more confident / that it will be possible to see warning signs well before the next big eruption happens.

이런 발견들은 과학자를 더욱 확신 있게 만들고 있다 / 경고 신호를 보는 것이 가능할 것이라는 것을 / 다음 큰 분출이 발생하기 상당히 전에

해설 과학자들의 상태를 보충하는 보어가 와야 하기에 형용사가 정답이다.

08 정답 freely

As one of the most productive composers, / Schubert wrote music as freely as one would write a friendly letter.

가장 생산적인 작곡가중 하나로서 / 슈베르트는 사람이 친근한 편지를 쓰는 것 만큼 자유롭게 음악을 썼다.

해설 동사 "wrote"를 꾸며주는 말로는 부사가 적당하다.

09 정답 useful

A theory must be able to be tested. / If it is tested again and again and is still found useful, / the theory is adopted.

이론은 검증될 수 있어야 한다. / 만약 그 이론이 반복해서 검증되고 여전히 유용한 것으로 발견된다면 / 그 이론은 채택된다.

해설 "이론"을 보충하는 말이 필요하므로 형용사 "useful"이 들어가야 한다.

10 정답 theirs

According to the study authors, / when we're familiar with our spouse, / it can be hard to separate our own preferences from theirs / and we mistake things we'd like for things they'd like.

그 연구 저자들에 따르면 / 우리가 우리의 배우자와 친근할 때 / 우리 자신의 선호하는 것들을 그들의 선호하는 것들과 분리하는 것이 어려울 수 있고 / 우리가 좋아하는 것을 그들이 좋아하는 것으로 착각한다.

해설 비교 대상을 정확히 맞추어야 하기에 "우리의 선호도"와 균형을 이루는 것은 "그들의 선호도" 즉 "their own preferences"인데 줄이면 "theirs"가 맞다.

11 정답 itself

It never sees the means of escape at the top, / but

continues to try to find some way out through the sides near the bottom. / It will seek a way where none exists, / until it completely destroys itself. .

그것은 위에서는 절대로 탈출 수단을 찾지 못한다 / 그러나 밑바닥 근처의 옆면들을 통한 탈출구를 찾으려고 계속 노력하고 있다 / 그것은 탈출구가 없는 곳에서 길을 찾을 것이고 / 그리고 마침내 자신을 완전히 파괴한다.

해설 주어와 같은 대상일 때는 목적어로 재귀대명사를 써야 한다.

12 정답 them

For instance, people often adopt clothing styles / which distinguish them from the groups of people in their society.

예를 들어 사람들은 종종 옷 스타일을 채택한다 / 그들의 사회에서 그들을 사람들의 집단으로부터 구별시키는

해설 관계대명사절이 주어가 which인데 가리키는 대상이 "clothing styles"이므로 목적어인 them(=people)과는 다른 대상이다. 이럴 때는 재귀대명사를 사용할 수 없다.

13 정답 it

The importance of rubber is that it is elastic. / When you stretch a rubber band and let it go, / its elasticity makes it quickly spring back to its original shape.

고무의 중요성은 그것이 탄력적인 것이다. / 여러분이 고무 밴드를 늘렸다가 놔버리면 / 그것의 탄력성은 그것을 본래의 모양으로 재빨리 돌아가도록 만든다.

해설 주어는 "탄력성"이고 목적어는 "고무"이다. 주어와 목적어가 다른 대상이면 재귀대명사를 쓸 수 없다.

14 정답 themselves

Only the morally weak feel compelled to defend or explain themselves to others.

오직 도덕적으로 약한 자들만이 그들 자신을 타인에게 방어하거나 설명할 압박을 느낀다.

해설 "the weak" 는 "weak people"의 의미인 복수이므로 재귀대명사를 쓸 때 복수형으로 맞춰줘야 한다.

15 정답 it

A simple blood test can detect lead poisoning. / Children who live in old houses / should be tested regularly. / If they are found to have lead in their bodies, / children can be treated with medicines that remove it.

간단한 피검사도 납중독을 탐지할 수 있다. / 낡은 집에서 사는 아이들은 / 규칙적으로 검사 받아야 한다. / 만약 그들이 몸 안에 납을 가진 것으로 밝혀진다면 / 아이들은 그것을 제거하는 약물로 치료될 수 있다.

해설 가리키는 대상이 단수인 "lead(납)"이므로 it이 정답이다.

16 정답 ②

It might be an argument with your spouse, a mistake, or a lost opportunity, / but it is <u>highly</u> likely / that a year from now you are not going to care. / It will be one more irrelevant detail in your life. / While this simple game will not solve every [→ all] your problems, / it can give you an enormous amount of needed <u>perspective</u>. / I find myself laughing at things that I <u>used to take</u> far too seriously.

그것은 당신의 배우자와의 말다툼이나 실수 혹은 잃어버린 기회일 수 있지만 / 가능성이 매우 높다 / 지금부터 1년 후 당신이 신경 쓰지 않을 / 그것은 당신 삶에서 하나의 추가된 관계없는 사소한 일이 될 것이다. / 이 간단한 게임이 당신의 모든 문제들을 해결하는 것은 아니지만 / 그것은 당신에게 거대한 양의 필요한 관점을 줄 것이다. / 나는 내 자신이 내가 너무 심각하게 받아들이곤 했던 것들을 보고 웃고 있는 것을 발견한다.

해설 every 뒤에는 단수명사가 어울린다. 지금은 복수명사 (problems)가 왔기 때문에 all 로 바꿔야 한다.

17 정답 ④

Using a tape measure to determine the distance a javelin <u>was</u> thrown / <u>yields</u> very similar results / regardless of who reads the tape. / By comparison, evaluation of performances such as diving, gymnastics, and figure skating is more subjective / — although elaborate scoring rules help make <u>them</u> [→ it] more objective.

투창이 던져진 거리를 결정하기 위해서 줄자를 사용하는 것은 / 매우 유사한 결과를 만들어 낸다 / 누가 그 줄자를 읽는지에 관계없이 / 비교해 보면 / 다이빙, 체조, 그리고 피겨 스케이팅 같은 수행능력의 평가는 더 주관적이다 / -- 비록 정교한 점수매기는 규칙들이 그것을 더 객관적으로 만드는 데 돕는진 모르지만

해설 대명사, them 이 가리키는 것은 결국 "evaluation"이기에 단수로 받아줘야 한다.

18 정답 ③

The reason for the observation / is that in the past, / <u>making</u> uniformly flat glass was <u>almost</u> impossible. / The technique used to make panes of glass / was to spin molten glass / so as to create a round, <u>most</u> [→ almost] flat plate. / This plate was then cut to fit a window. / However, the edges of the disk became thicker / as the glass spun. / When <u>installed</u> in a window frame, / the glass would be placed thicker side down for the sake of stability.

그 관찰의 이유는 / 과거에는 / 동일하게 평평한 유리를 만드는 것이 거의 불가능했다는 것이다. / 유리판을 만들기 위해 사용된 기법은 / 녹은 유리를 회전시키는 것이었다 / 둥글고 거의 평평한 판을 만들기 위하여 / 이 판은 그리고 나서 유리에 맞게 잘라졌다. / 그러나 그 원반의 가장자리가 더 두꺼웠다 / 그 유리가 회전하면서 / 유리창 틀에 설치될 때 / 그 유리는 안정감을 위해 더 두꺼운 옆면이 밑으로 오도록 놓이게 된다.

해설 most가 최상급으로 사용되려면 정관사(the)가 함께 나와야 한다. (a round and the most flat plate) 지금은 문맥상 부사로 (almost) 교체됨이 옳다.

19 정답 ④

Researchers have determined / that there is no leader or controlling force. / Rather, the individual fish or bird is reacting <u>almost</u> instantly / to the movements of its neighbors in the school or flock. / <u>Any</u> individual can initiate a movement, such as a change in direction, / and this sends out a "maneuver wave," / <u>which</u> spreads through the group at an <u>astounded</u> [→ astounding] speed.

연구자들은 결론내렸다 / 지도자나 통제하는 힘이 없다고 / 오히려, 개별 물고기나 새가 거의 즉시 반응하고 있다고 / 물고기 떼나 새 떼 안에 있는 그 이웃들의 움직임에 / 어떤 개체도 방향 전환 같은 운동을 시작할 수 있다 / 그리고 이것이 "운동 파동"을 내보낸다 / 그것이 집단을 통해 놀라운 속도로 퍼진다.

해설 영어에서 감정분야의 동사는 모두가 타동사이다. astound도 마찬가지로 "놀라게 하다"의 의미를 갖는다. 그러므로 사물(speed)을 꾸밀 때에는 "놀라움을 주는 속도"의 의미를 가지므로 능동으로 봐야한다.

20 정답 ④

Louis XIV of France wore specially made shoes with 5-inch heels / to show <u>himself</u> as a big ruler. / Thomas Jefferson was the first U.S. president / to wear lace-up shoes called 'Oxfords.' / He thought Oxfords as <u>democratic</u> / because the French wore them during the French Revolution. / Oxfords of today <u>consider</u> [→ are considered] dress or business shoes for men and sometimes even for women.

프랑스의 루이 14세 왕은 5 인치 굽을 가진 특별히 만든 신발을 신었다 / 자신을 큰 통치자로 보이려고 / 토마스 제퍼슨은 최초의 미국 대통령이었다 / '옥스포드'라고 불리우는 레이스로 장식된 신발을 신은 / 그는 옥스퍼드를 민주적으로 생각했다 / 왜냐하면 프랑스 인들이 프랑스 대혁명 동안 그것을 신었기 때문이다 / 옥스퍼드는 오늘날 남성용 때로는 심지어 여성용 옷이나 비즈니스용 신발로 고려된다.

뒤에 명사가 남아 있는데도 설마 수동태를 고집하진 않겠지?
ㅎㅎㅎ

해설 consider 는 "누구를(목적어) 무엇으로(목적보어) 고려하다"의 구문이 가능하므로 수동태로 바뀌어도 뒤 쪽에 명사가(목적보어) 남아 있을 수 있다. 결국 해석만이 완전한 답을 찾게 도와줄 것이다.

Chapter 7. 실전 문제

Novice Level

01 (A) remain (B) what (C) are

(A): 주어가 those이므로 remain이 정답이다.

(B): 뒤에 본동사가 두 개 (is said, won't matter) 이므로 접속사 역할이 가능한 what 이 정답이다.

(C): 앞에 나온 동사 were criticized를 대신 받으므로 be동사인 are이 정답이다.

우리 모두는 비판의 순간들을 마주한다. 당신이 성공적일수록 더 많은 비판을 받을 것이다. 아무것도 시도하지 않는 자들만이 영원히 비판 언저리에 남을 수 있다. 비판받는 것을 긍정적인 방법으로 대처하는 법을 개발한다면 그것은 문제가 되지 않는다. 윈스턴 처칠은 다음과 같은 아브라함 링컨의 말을 그의 사무실 벽에 걸어 두었다 "나는 내가 할 수 있는 최선을 다한다. 나는 정진하고자 한다. 결과가 괜찮게 나온다면, 나에 반하는 말들은 상관이 없을 것이다." 윈스턴 처칠과 아브라함 링컨은 그들의 시대에 현 시대 대부분의 공인들이 그렇듯이 극심한 비판을 받았다. 비판의 세력이 그에 반하여 짖어댈 때 나서서 자신이 옳다고 믿는 것을 하기 위해서는 대단한 용기가 필요하다.

02 (A) towed (B) traveling (C) during

(A): connected와 연결된 병렬구조이다.

(B): enjoy의 목적어 동명사이다.

(C): 소유격 뒤에 나온 stay는 명사로 봐야하기에 전치사가 옳다.

여행용 캐러밴이란 가정용 차량 뒤편에 연결되어 원하는 곳으로 끌고 갈 수 있는 이동식 주택이다. 2~4개 정도의 침대가 들어갈 수 있는 이 캐러밴들은 이동이 가능하며, 많은 가정이 휴가 때 이 곳 저 곳을 여행하는 것을 즐긴다. 많은 가정이 캠핑장이 있거나 캐러밴 공원이 마련된 곳이라면 그들이 원하는 어디든 갈 수 있다. 여행용 캐러밴 공원들은 샤워구역, 화장실 구역, 어쩌면 소매점 같은 기초 서비스를 제공한다. 음식, 물, 전기, 가스 등 그들이 머무는 동안 필요한 일체의 것은 각 가정에 달린 것이다.

03 ③ taking → to take

문맥상 불이 났을 때 "무언가를 챙기려고"의 의미가 필요하므로 "stop 부정사"가 정답이다. "stop 동명사"는 "이미 하고 있던 것을 중단하다"의 의미이다.

소방 안전은 중요하다. 화재 시에 무엇을 해야 할지 아는 것은 당신의 목숨을 구할 수 있다. 당신의 집에 불이 나면, 바닥에 가까이 머물러야 하며 즉각 건물을 떠나야 한다. 닫힌 문은 살살 만져야 한다. 문이 뜨거운 경우 열지 말아야 한다. 무언가를 챙기려고 멈추지 마라. 절대 불타는 집안으로 돌아가서는 안 된다. 이웃의 집으로 가서 소방서에 전화하라. 당신의 옷에 불이 붙는다면 어떡할까? 만약 그런 일이 생기면, 당신은 최대한 빨리 뛸 지도 모른다. 하지만 공기가 불을 더 크게 만들고 빠르게 퍼지게 하기 때문에 달리는 것은 사실 불을 더 악화시킬 것이다. 대신, 당신은 당장 당신이 하던 것을 멈추고 불이 꺼질 때까지 젖은 바닥에 굴러야 한다.

04 ⑤ pulling → pulled

앞에 나온 "reached"와 병렬구조이므로 "pulled"로 바뀌어야 한다.

한 왕이 그의 궁전에 딸린 높은 탑에 종을 달았다. 그는 그의 신하들이 그의 기쁨을 알 수 있도록 그가 기쁠 때마다 그 종을 울리겠노라 선언하였다. 그의 신하들은 종의 소리를 기다렸으나, 종은 정적을 유지했다. 며칠이 몇 주가 되고, 몇 주는 몇 달이 되고, 몇 달은 몇 년이 되었다. 왕의 기쁨을 의미하는 종소리는 절대 울리지 않았다. 왕은 매우 나이가 들었고 결국 그의 침상에서 죽음을 맞이하게 되었다. 그는 우는 신하들에 둘러싸이면서 그가 진정으로 신하들에게 사랑받았음을 깨달았다. 마침내 그는 행복감을 느꼈고, 종을 울리는 줄에 손을 뻗어 당기었다.

05 ⑤ do → are

앞에 나온 "are"를 대신 받는 상황이므로 "do"를 "are"로 바꾸어야 한다.

내가 우리 개들을 산책시킬 때, 사람들은 가끔 우리 개들이 얼마나 좋은 개들인지 말하곤 한다. 나는 손을 내밀어 내 소개를 한다. 우리 인간들이 악수를 하며 우리 자신을 소개하는 방식은 개들의 그것에 비하여 꽤나 조심스럽다. 개들은 꼬리를 흔들고 코를 킁킁댄다. 나는 악수가 중세시대에 두 사람이 서로 무기를 들고 있지 않다는 것을 보이기 위해 손을 열고 서로를 향해 다가가는 행위로 거슬러 올라간다고 들었다. 상대방을 손을 잡고 나서는 상대방이 당신에게 더 이상 가까이 오는 것을 멈춘다는 해설이 있다. 우리가 개들보다 다른 이들에 대해 훨씬 더 의심스럽다는 것이 사실이다.

06 ③ running → run

앞에 나온 "open"과 병렬을 이루므로 "run"으로 맞추어야 한다.

당신이 꽃가루 알레르기가 있다면, 당신은 아마 4월부터 11월까지 내내 창문을 닫은 채로 실내에 있고 싶을 것이다. 하지만 그것은 해결책이 되지 못한다. 애완동물, 아이들, 심지어는 당신의 신발들마저 꽃가루를 당신의 집으로 끌어올 수 있다. 꽃가루는 카펫이나 옷 안에 끼어들어가 당신의 알레르기 반응을 심화할 수 있다. 자기 자신을 꽃가루 알레르기로부터 보호하기 위해서는, 필요할 때만 창문을 열고 에어컨을 작동시켜야 한다. 그리고 꽃가루가 다 들어올 수 있으므로, 신선한 공기에 옷을 말리려고 야외에 옷을 널어서는 안 된다. 마지막으로, 집에 들어오기 전 집 바로 밖에서 신발을 벗어야 한다. 아니면 최소한 야외에서 매트에 잘 닦기라도 해야 한다.

07 (A) purchasing (B) hard (C) that

(A): 전치사 뒤에 명사와 동명사 모두 사용할 수 있다. 그러나 뒤에 목적어가 (a very fine barometer) 와야 한다.

(B): 둘 다 부사로 사용될 수 있지만 "세게"의 뜻을 가진 "hard"가 더 자연스럽다. "hardly"는 "거의 ~ 없다"의 뜻이다.

(C): 뒤에 이어지는 절이 완전하므로 접속사 "that"이 옳다.

어느 날, 롱아일랜드에 살던 한 남성은 아주 좋은 기압계를 삼으로써 그의 야망을 충족시킬 수 있게 되었다. 기압계가 그의 집에 도착했을 때, 남자는 기압계의 침이 '허리케인'이라는 표시를 가리킨 상태로 멈춘 것으로 보여 매우 실망하였다. 기압계를 아주 세게 몇 번 흔들어 본 후, 그는 그가 기압계를 구입한 가게에 편지를 썼다. 그는 다음날 아침 그의 뉴욕 사무실에 가는 길에 편지를 부쳤다. 그날 저녁, 그가 롱아일랜드로 돌아왔을 때, 그는 기압계뿐만 아니라 그의 집까지 없어진 것을 발견하였다. 기압계의 바늘이 옳았던 것이다- 허리케인이 왔던 것이다!

08 (A) to use (B) that (C) A few

(A): "어느 손을 사용할지"의 해석이 필요한데 "미래" 의미는 부정사가 정답이다.

(B): 뒤에 이어지는 절이 완전하므로 접속사 that이 옳다. (C) 셀 수 있으면 "few", 없으면 "little"인데, 문맥상 "lefties"가 생략된 상황이므로 "few"가 옳다.

대부분의 사람들은 오른손으로 글씨를 쓴다. 어떤 사람들은 왼손으로 글씨를 쓴다. 아마도, 아무도 당신에게 어느 손으로 글씨를 쓸 지 가르쳐주지 않았을 것이다. 당신은 왼손잡이 혹은 오른손잡이로 태어났다. 열 명 중 한 명 이상이 왼손잡이다. 그들은 문을 열 때, 수저로 먹을 때, 컴퓨터 마우스를 잡을 때 왼손을 쓴다. 과거 사람들은 왼손잡이들이 쓰는 손을 바꿔야 한다고 생각했다. 그들은 왼손잡이들이 오른손을 쓰는 것으로 바꾸기 원했다. 교사들은 학생들이 이상하게 느끼더라도 오른손으로 글씨를 쓰도록 했다. 일부 왼손잡이들은 쓰는 손을 바꿨다. 일부는 양손잡이가 되었다. 그것은 그들이 두 손을 똑같이 잘 쓰게 되었다는 뜻이다.

09 ④ what → that

뒤에 이어지는 절이 완전한 구조이므로 접속사 "that"이 옳다.

출장을 떠나는 남편을 공항에 내려준 후 집으로 돌아오는 길에, 나는 유료 다리 위에서 집에 지갑을 두고 왔음을 깨달았다. 나는 잔돈을 좀 찾을 수 있기를 바라면서 글로브 박스를 미친 듯이 뒤졌다. 뒤에 차들이 잔뜩 서있는 채로 통행료 부스에 꼼짝 못하게 되었다. 돈이 없는 것을 깨닫고, 나는 꽤나 창피해지기 시작했다. 정신을 차려보니 나는 뒷 차의 남자가 달려와서 요금 통에 통행료를 넣고 간 것을 알게 되었다. 내가 그에게 감사할 시간을 갖기도 전에, 그는 그의 차로 도망갔다. 그가 잡혀 있기 싫어서였을까, 아니면 그는 나의 흑기사였을까? 어떤 경우 던 간에, 나는 그의 도움과 자상함에 매우 감사하였다.

10 (A) use (B) adding (C) effective

(A): 해석을 해보면 "이해하고, 기억하고, 사용하도록"이 더 자연스럽기에 "use"로 병렬을 맞춘다.

(B): 문장의 주어가 없는 상황이다. "adding"이 되어야 주어 역할을 할 수 있다.

(C): 보어가 필요하므로 형용사가 정답이다.

독서는 학생들에게 많은 언어를 문맥 속에서 반복해서 보도록 해주는데 이는 그들이 그 언어를 이해하고, 기억하고, 사용하는데 도움을 준다. 독서는 기초적인 어휘와 문법에 대한 지식을 구축하고 강화한다. 독서는 언어를 배우는 유일한 방법은 아니다. 많은 언어학자들은 학생들이 그 언어에서 발전하기 위하여 여전히 많은 시간을 말하는, 듣기, 쓰기를 연습하는데 많은 시간을 쓸 필요가 있다는 데에 동의할 것이다. 그러나 여러분의 개인적인 공부에 독서를 더하는 것은 틀림없이 여러분의 언어능력에 몇몇 거대한 것들을 해줄 것이다. 독서는 효과적일 뿐만 아니라, 새로운 언어를 배울 수 있는 매우 즐거운 방법일 수 있다. 한번 시도해 보라. 그리고 독서가 여러분에게 무엇을 해주는지 확인하라.

01 (A) understood (B) full a (C) to reach

(A): 문장의 목적어가 issues이고 "I care about"은 관계대명사절(which 생략)이므로 "issues"를 기준으로 생각해보면 수동의 과거분사인 "understood"가 정답이다.
(B): 부사 "as"는 "형 + a + 명"의 어순을 유발한다. 참고로 "such"는 "a + 형 + 명"이다.
(C): 해석상 "도달하기 위해서"가 더 자연스러우므로 부정사가 와야 한다.

Alison은 "저는 사람들이 장애에 대해 이해하지 않고 제 개인적인 삶에 대해 이야기하는 것을 꺼려한다고 불평하는 것이 잘못되었다고 생각합니다. 제 이야기를 말하는 것은 제가 이해하고 싶어 하는 쟁점을 이해되도록 만들기에 제가 아는 가장 좋은 방법입니다."라고 말했다. '손 안에 든 인생'은 Alison이 태어났을 때 그녀의 어머니의 반대에서부터, 독립하고 미술 수업에서 최우상 학위를 받고, 엄마가 됐으며 중대한 성공을 하기까지의 이야기다. Alison은 그녀의 장점과 예술적 재능을 키움으로써 가능한 한 풍부한 삶을 살기로 결심했다. '손 안에 든 인생'은 그녀가 행복한 독립에 도달하기 위해 어떻게 고통과 선입견, 폭력, 외로움을 극복 했는지 보여줌으로써 장애에 대한 우리의 인식이 바뀔 것을 요구했다. 이 이야기는 다른 어떤 이야기보다 기상천외하고 눈을 뗄 수 없게 한다.

02 (A) have responded (B) of which (C) citizen-irritating

(A): "Years ago"와 주변 문맥을 이용하면 "몇 년 전이더라면"의 가정법이 내포되어 있음을 알 수 있다. 가정법 과거완료로 표현해야 하므로 "조동사 + have + pp"가 옳다.
(B): 문장 앞에서부터 읽어야 한다. 그럼 선행사가 "the company"임을 알 수 있다. "그 회사의 자동응답 시스템"이 연결되는 소유격 관계대명사가 필요하다. 참고로 "of which"는 뒤쪽으로 이동할 수 있다.
(C): "measures(대책)"를 꾸며주는 상황이므로 "시민들을 짜증나게 하는"의 뜻을 가진 능동의 현재분사가 정답이다.

최근에 전기 회사로부터 전력을 끊는다는 전화를 받았을 때 나는 할 일이 산더미처럼 쌓인 사무실에 있었다. 몇 년 전이었다면 무의미하고 미숙하게 분노가 폭발하면서 이 사소한 골칫거리에 반응했었겠지만 그 이후부터 스트레스 조절이 건강에 필수적이라는 것을 알아가고 있다. 그래서 나는 전화를 끊고 깊게 숨을 쉬고 천천히 숨을 내뱉었으며 탁자를 내리쳤는데 너무 세게 쳐서 삼 일 동안 주먹을 쥘 수가 없었다. 그 후 다른 손으로 어떤 멍청이가 고안한 전기 회사의 자동응답기에 전화했다. 당신은 긴 다항 선택하는 문제를 통과하기 위해 버튼을 누르는 전화기를 이용해야 하는데 이는 전기 회사가 당신이 고객으로 훌륭한 지를 검정하는 방법이다. 또 고객 지원 상담원과 연결되려면 기다려야 한다. 나는 기다리면서 시민을 짜증나게 하는 이 연결과정을 침착하게 거르면서 스트레스를 계속 줄이고 있었지만 내가 들은 것은 전기세 체납이 되었다는 것이었다.

03 ③ what → that(which)

③ "what"은 선행사가 없을 때 사용한다. 지금은 "rule"을 꾸며주고 있으므로 "that(which)"로 바뀌어야 한다. 본동사(existed)가 너무 뒤로 밀리는 것을 막기 위해 관계대명사절을 뒤로 보낸 형태이다.

1960대에 Richard Fosbury는 "Fosbury 넘기"로 알려진 혁신적인 스타일로 뛰는 것으로 전통적인 접근법을 바꿈으로써 높이뛰기의 대혁명을 일으켰다. 육상경기에서 도전은 더 빨리 뛰고, 더 멀리 뛰고 더 높이 뛰어오르는 것이다. 다른 모든 운동 경기처럼 높이뛰기도 규칙이 있으나 선수들이 어떻게 막대를 뛰어넘는 지에 대해서는 규칙이 없었다. 높이뛰기 선수들은 Fosbury가 높이 뛰기에 혁명을 일으키고 선수들이 오를 수 있는 높이를 급증시키면서 고정관념을 깨고 얼굴을 들고 넘을 때까지 얼굴을 숙이고 막대를 넘겼다. Fosbury가 새로운 기술의 가능성을 선보이며 1968년에 2.24m로 올림픽 신기록을 세운 이후 "Fosbury 넘기"는 가장 인기 있는 높이뛰기 기술이 되었다.

04 (A) though (B) describe (C) who

(A): 접속사(though)뒤에 "it is"를 생략시켰다. 부사절 접속사 뒤에 주절의 주어와 같은 be동사가 있을 땐 "주어 + be"가 생략될 수 있다.
(B): 병렬구조는 철저히 해석을 해야 한다. ☞ 해석 참조
(C): 양쪽에 본동사가 있다는 것은 절이 2개이므로 접속사(관계사)가 있어야 한다.

첫째 아이가 대부분 2살까지 받는 추가적인 집중은 유형은 다를지라도 부모와 나중의 관계까지 이어진다. 부모는 첫째에게 동생만큼 관대하지 않은데 그 이유는 아마도 부모가 처음으로 되면서 아기를 다루는데 익숙하지 않고 그 결과 첫째 아이를 종종 나중에 태어나는 자녀보다 덜 관대하고 싶다고 설명하기도 한다. 그럼에도 불구하고 첫째들은 동생들보다 더 많은 집중을 받고 종종 더 동생보다 부모를 귀감으로 삼으며 동생들은 친구를 따라하는 경향이 크다. 첫째들은 또한 더 사려 깊은 경향이 있기 때문에 다른 자녀들보다 더 보수적이고 어른스러워 보인다.

05 (A) because of (B) pose (C) that

(A): 뒤에 연결된 것은 명사(awareness)이므로 전치사가 옳고, 그 뒤에 있는 절은 (they experience ~) 관계대명사(목적격)가 생략된 것이므로 꾸며주는 역할을 할 뿐이다.
(B): "pose"는 "위치하게 하다; 일으키다"의 의미로 사용되기에 "무서운 자극들이 그들에게 일으키는"의 능동태가 옳다.
(C): 뒤에 이어지는 절이 완전하므로 접속사 that이 옳다.

사람들은 실제로 위험하지 않다는 것을 알기 때문에 무서움을 느끼는 것을 즐기고 찾는다. 이러한 활동의 실제 위험이 미미하다는 것을 알고 이 기저가 되는 인식 때문에 실제의 두려움보다 흥분을 경험한다. 이것이 사람들이 할로윈을 테마로 한 귀신의 집으로 'wallang'을 즐기는 이유다. 대부분의 사람들은 현실적으로 주어진 자극을 두렵게 하는 위협의 실제 수준과 이에 상응하여 안전 수준까지도 측정할 수 있다. 예를 들어 공포영화를 보는 것은 육체적으로는 아무런 위험이 없고 악몽을 꿀 수도 있는 정도의 가벼운 심리적인 위험뿐이다. 그러므로, 대부분의 시청자들은 이러한 영화를 보면서 안전하다고 느끼고 이로부터 흥분을 느끼지 실제로 두려워하지는 않는다.

06 (A) what (B) summarize (C) Asked

(A): 뒤 부분이 불완전하다는 것은 관계대명사를 사용해야 하는 상황인데 앞에 선행사가 없으므로 what이 옳다.
(B): 해석상 "read"와 병렬구조를 이루어야 하기에 "summarize"가 정답이다.
(C): 분사구문은 주절의 주어를 파악하여 능동인지 수동인지 구분한다. "they"입장에서 "회상하도록 요구받은" 것이기에 과거분사가 옳다.

사람들은 의심 가는 무언가에 대해 말 또는 글로 증언하도록 설득될 때, 그들의 속임수에 대해 종종 나쁘게 생각한다. 그럼에도 불구하고, 그들은 그들이 말하는 것을 믿기 시작한다. 어떤 사람의 말에 대해 주목 받을만한 외부의 설명이 없으면 말은 믿음이 된다. Tory Higgins와 그의 동료들은 대학생들에게 어떤 사람의 성격을 묘사한 글을 읽게 했고 이 사람을 좋아하거나 싫어하는 다른 사람을 위해 이를 요약하도록 했다. 학생들은 그 다른 이가 글에 쓰여진 사람을 좋아할 때 더 긍정적인 묘사를 했고 긍정적인 면을 말함으로써 학생들 또한 이 후에 글 속의 사람을 더 좋아하게 되었다. 학생들이 읽은 것을 회상해달라는 부탁을 받았을 때는 실제보다 더 긍정적으로 묘사를 기억하기도 했다. 요약하면, 우리는 메시지를 청취자들에게 맞추며 그렇게 함으로써 수정된 메시지를 믿는 경향이 있는 것으로 보인다.

07 ⑤ try → trying (to try)

뒤에 본동사가(is) 확인되므로 앞에 주어 역할을 하는 동명사(부정사)가 옳다.

우리는 TV를 너무 많이 보는 것을 멈추고 싶어 하지만 논증에 의하면 한편으로는 TV를 많이 보고 싶어 하기도 한다. 그러므로 우리가 진짜로 원하는 것은 원하는 것을 멈추는 것으로 보인다. 우리는 어떤 행동이 제일 좋고, 그 후 어떤 것을 할지를 결정하는 것의 역설적인 상황에 꿍꿍 가둬져 있는데 이에 대한 해결책으로는 습관을 필요에 대한 반응으로 보는 것이다. 이것이 명백하게 들릴지라도 습관을 바꾸기 위한 무수한 노력은 해결책의 영향을 무시하는 것이다. 만약 당신의 식습관이 나쁘다면 당신은 잘 먹기 시작할 것이라고 다짐할 수 있지만 편안함, 여유, 행복감을 느끼기 위해 햄버거와 아이스크림을 먹는 다면 이를 브로콜리와 당근주스로 대체하려는 노력은 화장실의 새는 수도꼭지를 부엌에 페인트를 다시 칠해 고치려는 것과 같다. 따라서 요구되는 것은 더 좋은 식단이 아니라 편안함과 여유로움을 느끼는 대안 방법이다.

08 (A) as (B) because of (C) in which

(A): 원급비교에 사용된 "as ~ as"이다.
(B): "set"은 본동사가 아니라 앞의 명사를 꾸며주는 과거분사이므로 절이 아니다. "~에 의해 움직이게 된 공기의 흐름 때문에"이므로 전치사 처리한다.
(C): 뒤에 이어지는 부분이 완전하므로 "전치사 + 관계대명사"가 옳다.

태양이 방출하는 에너지는 모든 방향으로 퍼지고 이 중 미세한 양만이 지구에 도달한다. 하지만 이 적은 에너지는 하루에 평방 마일당 약 5,000,000마력의 힘을 제공하며 이는 태양이 매 분마다 인류가 일 년 동안 사용할 수 있는 에너지를 주는 것이다. 현재 우리는 이 에너지를 간접적으로 사용한다. 석탄은 수 천 년 전에 녹색 식물이 태양빛을 이용한 화학작용의 결과로 생성된 것으로 수력은 태양이 수증기를 만들어 비를 형성해 생긴 것이다. 또 풍차는 태양의 가열 효과에 의해 기류가 움직이는 것으로 작동한다. 우리는 언젠가 이 엄청난 에너지원을 더 직접적으로 이용할 것이다. 어떤 과학자는 이미 증기를 만들기 위해 태양광선을 수관 위의 거울을 통해 모으는 엔진을 연구하고 있다.

09 (A) envious (B) tracing (C) that

(A): 문장 뒤쪽 구조는 본동사가 결정한다. 지금은 "make"가 "목적어를 목적보어 상태로 만들다"의 뜻이므로 본동사가 추가되면 안 된다.
(B): 콤마 앞의 절은 (it moves ~) 확인했고, 문제는 "thereby"인데 부사이므로 접속사의 기능은 없다. 분사구문으로 처리해야 한다.
(C): 앞의 "so"와 어울리는 "so - that 결과"

벌새의 비행 기동성은 가장 발달된 군용 헬리콥터 제작자들의 선망의 대상이다. 벌새의 날개는 새 중에서도 독특하다. 날개의 뼈 구조는 사람의 결합된 팔꿈치가 있는 팔과 허리 관절의 구조와 같고 날개가 회전하며 어깨에서 돌아간다. 벌새는 하늘을 맴돌 때, 날개의 앞 가장자리를 회전하고 땅에 수평으로 숫자 8의 모양을 그리면서 완전히 펴진 날개를 앞뒤로 움직인다. 벌새의 정상적인 날개 짓은 초당 50번에서 70번이고 구애하는 비행 동안에는 초당 약 200번으로 너무 빠르게 날개를 펄럭여 벌새가 '윙윙거리는 소리'라는 이름을 갖게 되었다.

10 ③ handed → hand

"demanded (that) 주어 (should) 동사원형 ~" 구문이다.

한 왕당파 첩자는 George Washington과 그의 소규모 군대가 1776년 크리스마스 다음날에 Delaware 강을 비밀리에 더 일찍 건너 New Jersey의 Trenton을 향해 가고 있었다는 것을 알았다. 첩자는 독일 병정 군대의 지도자인 Johann Rall 대령이 술을 먹고 카드게임을 하고 있었던 Abraham Hunt이라는 상인의 집에 도착했다. 대령은 하고 있는 카드게임을 멈추는 것을 거부했고 첩자에게 메시지를 건넬 것을 요구했으며 읽지 않고 빠르게 조끼 주머니에 넣었다. Rall 대령은 총소리 때문에 다음날 깼고 군대를 준비시키기에는 시간이 없어 Washington 군대에게 크게 패했다. 또한 다음 날 그를 결국 죽음에 이르게 한 두 개의 상처로 고통 받았으며 미국 군에게 영국에 대항하여 첫 번째 승리를 안겨주었다.

11 ⑤ observed → observing

해석을 해보면 "observed"는 "village"를 꾸미는 것이 아니라 "He"를 보충하고 있음을 알 수 있다. "관찰하면서 마을을 산책하는 일상생활을 ~"이므로 능동의 현재분사가 옳다.

현지조사는 인류학의 특징이다. 이것은 인류문화와 개인행동의 광범위하고 상세한 복잡성을 탐색하고 배우는 방법이다. 그리고 대부분의 문화 인류학자들이 그들의 전문가적 입장을 얻고 유지하는 중요한 방법이다. 초기 일부 현장의 인류학자의 개인적 설명은 현지조사를 흥미롭고 모험적이며 이국적이고 때론 쉬운 것처럼 보이게 만들었다. 초기 인류학적 현지조사원이었던 말리노프스키는 초기 현지조사를 '곧 자연스런 경로를 채택하게 될 이상하고 때때로 불쾌하고 가끔 심하게 흥미로운 모험'이라고 묘사했다. 그는 계속해서 친근한 가족생활의 세부적인 것들을 관찰하며 마을을 산책하는 일상생활을 묘사하고 그가 말하듯이 그런 관찰이 가능하고 접근할 수 있게 보인다.

12 ⑤ which → that

뒤에 나오는 절이 완전하므로 접속사 that이 옳다. ③ "at what price"는 "어느 가격에"라는 뜻으로 의문형용사로 사용된 경우이다.

사람들은 확률 사건이 그들의 영향에 종속되는 것처럼 행동한다. 한 연구에서 연구자들은 두 그룹의 사무노동자들에게 1달러가 들고 상금은 50달러인 복권에 참여하라고 부탁했다. 한 그룹은 그들의 복권 카드를 고를 수 있도록 하는 반면에 다른 그룹은 선택의 기회가 없었다. 물론 운은 이길 확률을 결정하지만, 그러나 그건 노동자들이 행동하는 방법이 아니었다. 뽑기를 하기 전에 한 연구자가 참가자에게 그들의 카드를 얼마에 팔건 지 물었다. 자기 카드를 고를 수 있던 그룹의 평균가격은 9달러였는데, 고르지 않은 그룹은 2달러 미만이었다. 그들이 통제권을 가지고 있다고 생각하는 사람들은 그들의 성공할 확률이 그들이 실제 가지고 있는 확률보다 높게 인식한다. 통제권을 가지고 있지 않은 사람들은 그런 편견을 경험하지 않는다.

13 (A) put (B) where (C) it

(A): "have + 사물 + pp" 구문이므로 과거분사가 옳다.
(B): 뒤에 이어지는 부분이 완전한 절이므로 관계대명사보다는 관계부사가 와야 한다.
(C): 가목적어로 사용되는 it이다.

긴급 기금은 예측하지 못한 지출이 발생했을 때 알맞다. 비 오는 날을 위해 얼마만큼의 돈을 모아두는 것은 항상 충고할 만 하다. 긴급 기금은 어떠한 일시적인 과거의 수입을 보충할 수 있거나 드문 구매를 위해 사용될 수 있다. 보통 재정 전문가들은 긴급기금은 3에서 6개월의 생활비를 메울

수 있어야만 한다고 조언한다. 긴급 기금은 현재의 수입원에서는 얻을 수 없는 생필품을 구매할 수 있는 안정망이 되어준다. 그래서 긴 기금은 주식 시장과 같은 위험한 곳에 투자되어선 안 된다. 주식 시장의 변동성은 당신이 긴급한 일이 있을 때 충분한 돈을 가진다는 것을 보장해 주지 못한다.

14. ② became → become

병렬구조는 철저하게 해석이다. "뇌 크기의 발달로 인해서 우리가 ① 언어를 습득하고 ② 지배적인 종이 될 수 있으므로" 동사원형이 정답이다.

소셜 네트워크에서 인연을 형성하고 우리의 삶을 살아가는 것은 인류로서의 발전에 중요한 영향을 갖는다. 소셜 네트워크는 우리가 언어를 얻고 지구에서 지배적인 종이 될 수 있도록 하는 부분의 뇌가 빨리 자라도록 한다. 동시에 이런 생물학적 변화는 심지어 완전히 모르는 사람이 있는 큰 그룹 안에서 서로 협동하고 거대하고 복잡한 단계의 사회를 만드는 것이 가능하게 만들었다. 우리의 유전자뿐만 우리의 문화와 환경에서 깊은 영향을 받아 형성된 우리의 연결은 매일 새로 만들어진다. 우리는 우리의 친구를 선택하고 사회질서에 대한 문화적 규범을 발전시키고 우리가 누구와 데이트 하거나 결혼하고 할지에 대한 규칙을 만들고 따르며, 우리 주변 사람들에게 영향을 미치는 사건들에 반응하게 한다. 왜냐하면 부분적으로 우리는 동감능력을 가지고 있기 때문이다.

15 (A) on which (B) how (C) looking

(A): 뒤에 이어지는 절이 완전하므로 "which"는 올 수 없다.
(B): "how"는 명사절을 이끌기에 다른 절 안에 쑥 들어가게 되는 반면에 "however"은 부사절을 이끌기에 콤마(,)로 두 개의 절이 분리된다.
(C): 주어를 보충하는 보어형태로 looking이 정답이다.

빈번히 비행기로 여행하는 부모로서, 한번은 편안한 30000피트 상공에서 일어나 나는 아이들의 사진과 비디오가 많은 내 노트북을 꺼냈다. 피치 못하게 내 옆에 앉은 사람은 내 화면을 보게 되었다. 만약 내가 내 이웃의 관심을 조금이라도 느꼈다면 나는 세상에서 제일 사랑스러울 것이 분명한, 내 아들 딸의 슬라이드 쇼를 시작했을 것이다. 물론 내 이웃이 그들이 얼마나 놀랍고 독특한지 알아챘을 것이라 생각한다. 때때로 내 아이들을 재밌게 보고 난 후에 같이 보고 있던 친구가 자신의 아이들의 사진을 볼 것을 제안했다. 1분이나 2분을 경험하고 나는 스스로 궁금해졌다. "대체 이 남자는 무슨 생각인거야? 나는 25분 동안이나 모르는 아이들의 사진을 보고 있고 싶지 않아."

16 ⑤ using → used

분사구문(used ~ regret)이 삽입된 형태이다. 주어인 "I'm sorry" 입장에서는 사용되는 것이기에 being이 생략된 과거분사가 맞다.

미국에 사는 12살의 한국 소녀가 할아버지가 돌아가셔서, 한국에 있는 할머니에게 애도의 편지를 보냈다. 소녀는 한국어로 편지를 쓰고 있었지만 그녀는 영어로 생각하는 게 편했다. 그녀는 "할아버지가 돌아가셔서 미안해요"를 문자 그대로 한국어로 해석하기 시작했다. 그러나 그녀는 쓰는 것을 멈추고 그 문장을 바라보았다. "이것은 올바르지 않아" 그녀는 그녀의 엄마에게 말했다. "나는 할아버지를 죽이지 않았어." 왜냐하면 그녀는 그녀의 제 2의 천성이 된 (자연스러운) 언어로 쓰고 있는 것이 아니었다. 이 소녀는 대부분의 사람이 영어에서 자연스럽게 쓰는 감정표현들이 문학적으로 변환될 때 다른 뜻을 가진다는 것을 알게 되었다. "내가 미안해"는 빈번히 후회를 표현하는데, "내가 사과하지"로 해석될 수 있다.

17 (A) lie (B) be isolated (C) if

(A): 부사구가 앞에 나가면서 도치가 일어났다. 본동사는 뒤에 있는 주어(rules)에 맞추어야 한다.
(B): 목적어(the person)을 "고립되도록" 유발하는 것이므로 수동형이 맞다.
(C): 뒤에 이어지는 절이 완전하면 which는 올 수 없다. 의미적으로도 if가 옳다.

모든 관계는 관계 속에서 서로에게 어떻게 행동하고 그래서 사회 상호 소통이 안전하고 생산적이게 하는 문화적 규칙에 지배 된다. 우리는 이것을 좋은 매너나 에티켓이라고 부른다. 명백한 행동의 표면아래에는 사회가 작동할 수 있도록 꼭 따라야 하는 강력한 규칙들이 놓여있다. 몇몇의 이런 규칙들은 상황마다 다르게 적용되지만, 어떤 문화에도 만약 어긴다면 그 사람에게 고립을 야기하는, 공통된 일련의 규칙이 있다. 진행 중인 상호작용 속에서 규칙을 위반할 때, 우리는 공격적이 되고 놀라게나 혹은 그 관계가 좋지 못하다고 의심하게 된다. 관계를 돕기 위하여, 고객이 아무 도움도 안 된다고 느끼거나 도와주는 사람이 거절하거나 무시당했다고 느낀다면 결과적으로 신뢰 부족이나 감정이 상하는 것으로 끝난다.

18 **(A) would (B) try (C) important**

(A): "I feel"은 삽입된 것이고, 해석상 앞의 명사를 꾸며주는 상황이다. 그렇다면 관계대명사 절이 되어야 하는데 "it"은 불필요하다.

(B): 항상 본동사 확인부터 한다. 본동사가 하나도 없으므로 명령문 형태로 가면서 본동사 역할을 맡겨야 한다.

(C): 목적보어로 사용되는 형용사이다.

만약 사람의 삶을 바꿀 수 있는 충고를 하게 된다면, 이것은 아마 스스로 "이게 정말 중요한가?"라고 물어보는 것이다. 시간과 노력 그리고 에너지를 세속적인 하찮은 것에 낭비하기 전에 스스로에게 "정말로 나에게 가장 중요한 것인가? 그리고 이것이 내가 되고 자 하는 사람이 되도록 나를 바꿔줄까?"를 물어 보도록 하라. 위대한 사람들은 불변의 ㅂ특징을 증명해왔다. 그것은 그들의 에너지와 그들의 삶의 모든 요소를 그들이 중요하게 생각하는 것에 집중하는 능력이다. 이것을 할 때, 우리는 모든 일식적인 생각과 상황의 임의성 대신에 우리의 삶을 "목적"에 그 자체에 둘 수 있다.

19 **(A) whose (B) preventing (C) determine**

(A): 뒤에도 본동사(set)가 발견되므로 절이다. 그렇다면 접속사 역할을 할 수 있는 관계대명사가 정답이다.

(B): 병렬구조는 해석이다. 의미상 "maintaining"과 병렬을 이루는 것이 옳다.

(C): 사역동사(Let) 뒤에 목적보어를 묻는 문제이다. 동사원형이 정답이다.

모든 시대를 통틀어 가장 천재적인 음악 작곡가인 볼프강 모차르트는 프레드리히 황제에게 그의 오페라 피가로의 결혼이 너무 시끄럽고 너무 많은 음표를 가지고 있다는 말을 들었다. 경매에서 기록을 경신하는 그림을 그린 예술가 빈센트 반 고흐는 그의 일생동안 1개의 그림 밖에 못 팔았다. 역사상 가장 많은 성과를 거둔 토마스 에디슨은 어릴 때 가르칠 수 없는 아이로 생각되었다. 모든 위대한 성취를 한 사람들은 그들이 실패자로 부를 수 있는 여러 이유를 가졌다. 그러나 그럼에도 불구하고 그들은 버텼다. 많은 사람들처럼 당신도 긍정적인 마음 자세와 스스로 패배자라고 느끼지 않는 것을 유지하기가 힘들 것이다. 그러나 이것을 알아둬라. 어떤 상황 속에 있다고 생각하더라도, 스스로에 대해 긍정적인 자세를 경작하는 것이 가능하다. 환경이나 과거의 실패가 아닌 너의 긍정적인 태도가 너 스스로를 보는 시각을 결정하게 하라.

20 **(A) collecting (B) followed (C) whose**

(A): 해석을 해보면 "집 앞의 진입로를 걸어 내려와 우편물을 가져오는 것"으로 "walking"과 병렬을 이룬다.

(B): "주어가 목적어를 follow하는" 상황이므로 능동태이다.

(C): "what"은 뒤의 절 안에 생략된 부분이 있어야 쓸 수 있다. 뒤가 완전한 구조를 갖는 관계대명사는 [①소유격 관계대명사 ②전치사 + 관계대명사]이다.

어떻게 성공을 정의 할 수 있을까? 이것은 단순히 우리 앞에 있던 누구나 달성할 수 있는 임무를 말하는 것인가? 만약 그렇다면 집 앞의 진입로를 걸어 내려가 우편물을 가져오는 것을 성공이라 부를 수 있을 것이다. 그러나 성공은 더 많은 것을 의미한다. 성공은 우리가 모든 달성하기 어려운 것에 대해 도전과 분투를 할 때 따라온다. 역사적으로 성공은 종종 일련의 실패에 뒤따른다. 예를 들어 아브라함 링컨은 첫 번째 선거에서 크게 지고 그는 다신 당선될 수 없고 형편없고 우물거리는 연설가라고 생각되었다. 그러나 그는 연설이 여전히 정치적 설득의 걸작으로 간주되는, 위대한 대통령 중 하나가 되었다. 그는 실패를 연구하고 그것을 통해 배우고 새로운 시도를 하는 것이 중요하다고 말했다.

Advanced Level

01 The concept of humans doing multiple things at a time has been studied by psychologists since the 1920s, but the term "multitasking" didn't exist until the 1960s. It was used to describe computers, not people. Back then, ten megahertz was so fast that a new word was needed to describe a computer's ability to quickly perform many tasks. In retrospect, they probably made a poor choice, for the expression "multitasking" is inherently deceptive. Multitasking is about multiple tasks alternately sharing one resource (the CPU), but in time the context was flipped and it became interpreted to mean multiple tasks (ㄱ) are done [→ being done] simultaneously by one resource (a person). It was a clever turn of phrase that's misleading, for even computers can process only one piece of code at a time. When they "multitask," they switch back and forth, (ㄴ) alternated [→ alternating] their attention until both tasks are done. The speed (ㄷ) which [→ at which] computers tackle multiple tasks feeds the illusion that everything happens at the same time, so comparing computers to humans can be (ㄹ) confused. [→ confusing]

(ㄱ): 접속사도 없고 주변을 살피면 본동사가 나올 구조가 아니다.

(ㄴ): 분사구문인데 "그들의 집중을 바꾸면서"의 능동이 필요하다.

(ㄷ): "which" 뒤에 완전한 구조가 올 수 없다. "전치사 + 관계대명사"는 뒤가 완전한 구조이다.

(ㄹ): "혼란스럽게 만드는" 것이므로 능동이 맞다.

인간이 여러 가지 일들을 동시에 할 수 있다는 개념은 1920년대부터 심리학자들이 연구해왔지만 '멀티태스킹'이라는 용어는 1960년대까지 존재하지 않았다. 멀티태스킹은 사람들이 아닌 컴퓨터를 묘사하기 위해 만들어진 단어다. 당시에는 10 메가하르츠도 너무나 빨랐기 때문에 컴퓨터가 여러 업무들을 수행하는 능력을 묘사하기 위한 새로운 단어가 필요했던 것이다. 돌이켜보자면 그들이 잘못 선택한 것이, 멀티태스킹이라는 표현이 본질적으로 오해를 불러일으킬 수 있기 때문이다. 멀티태스킹이란 여러 업무들이 번갈아가면서 CPU라는 하나의 원천을 공유한다는 개념인데 시간이 지나면서 오히려 반대로 여러 업무들이 동시에 사람이라는 한 원천에 의해서 수행되는 것으로 바뀐 것이다. 컴퓨터도 한 번에 하나의 코드만 다룰 수 있다는 걸 고려했을 때, 의미는 잘못되었지만 표현의 재치있는 반전이었다. 컴퓨터가 '멀티태스킹'을 할 때에는 두 가지 업무가 완전히 수행될 때까지 번갈아가면서 처리한다. 컴퓨터들이 여러 업무들을 수행하는 속도가 모든 것이 동시에 일어난다는 착각을 불러일으켰고, 따라서 컴퓨터들을 사람들에게 비교하는 것은 헷갈릴 수 있다.

02 During the early stages when the aquaculture industry was rapidly expanding, mistakes were made and these were costly both in terms of direct losses and in respect of the industry's image. High-density rearing led to outbreaks of infectious diseases that in some cases devastated not just the caged fish, but local wild fish populations too. The negative impact on local wildlife inhabiting areas (ㄱ) closely [→ close] to the fish farms continues to be an ongoing public relations problem for the industry. Furthermore, a general lack of knowledge and insufficient care (ㄴ) is taken [→ being taken] when fish pens were initially constructed meant that pollution from excess feed and fish waste created huge barren underwater deserts. These were costly lessons to learn, but now stricter regulations are in place to ensure that fish pens are placed in sites (ㄷ) which [→ where] there is good water flow to remove fish wasted. This, in addition to other methods that decrease the overall amount of uneaten food, has helped aquaculture to clean up its act.

(ㄱ) : "closely"는 추상적으로 "밀접하게"의 뜻이고 "close"가 물리적으로 "가까운" "가까이", 즉 형용사, 부사 모두 가능하다.
(ㄴ) : 본동사 숫자가 접속사(관계사) 숫자보다 1개 더 많아야 한다. 이미 본동사가 3개 이고 (were constructed / meant / created) 접속사는 2개이다. (when / that) 더 이상 본동사가 나올 이유가 없다.
(ㄷ) : "which" 뒤에 완전한 구조가 올 수 없다. 장소의 관계부사 where 이나 in which 가 정답이다.

양식업 산업이 급격하게 팽창하던 초기 단계에서 여러 실수들이 발생했고, 그 실수들은 직접적인 손해와 산업의 이미지 면에서 큰 비용을 들게 했다. 고도로 밀집된 양식방법이 양식장에서 길러지는 물고기뿐만 아니라 현지 야생 물고기 개체 수에도 치명적인 전염병을 창궐하게 한 것이다. 양식장들 근처 현지 야생동물의 터전에 끼치는 부정적인 영향은 지속적으로 산업의 공공 관계 문제로 남아있다. 게다가, 애초에 양식장이 건축될 때부터 부족한 지식과 불충분한 관리 때문에 과도한 양식과 물고기 배설물이 수중에 거대한 황무지를 만들게 했다. 이 모든 것을 값비싼 대가를 치르고 배웠지만, 이제는 보다 강력한 제재를 통해 물고기 배설물이 제거될 수 있도록 좋은 물살이 있는 곳에 양식장을 설치하게 하고 있다. 이것은 먹지 않고 버려지는 음식물의 양을 줄인 방법들과 더불어 수중문화로 하여금 그들이 벌인 일의 뒤처리를 하도록 도와주었다.

03 According to a renowned French scholar, the growth in the size and complexity of human populations was the driving force in the evolution of science. Early, small communities had to concentrate all their physical and mental effort on survival; their thoughts were focused on food and religion. As communities became larger, some people had time to reflect and debate. They found that they could understand and predict events better if they (ㄱ) reduce [→ reduced] passion and prejudice, replacing these with observation and inference. But while a large population may have been necessary, in itself it was not sufficient for science to germinate. Some empires were big, but the rigid social control (ㄴ) requiring [→ required] to hold an empire together was not beneficial to science, just as it was not beneficial to reason. The early nurturing and later flowering of science required a large and loosely structured, competitive community to support original thought and freewheeling incentive. The (ㄷ) raise [→ rise] in commerce and the decline of authoritarian religion allowed science (ㄹ) following [→ to follow] reason in seventeenth-century Europe.

(ㄱ) : 가정법 과거로써 주절의 동사를 보면 "could understand" 확실히 알 수 있다.
(ㄴ) : "요구되는 사회적 통제"이므로 과거분사가 옳다.
(ㄷ) : 명사 "raise"는 "월급인상"의 뜻이다. 나머지 "인상"은 "rise"가 정답이다.
(ㄹ) : "allow + 목적어 + 부정사" 구문이다.

저명한 프랑스 학자에 따르면 인구의 크기와 복잡성이 과학 발전의 원동력이었다. 초기작은 공동체들은 생존에 그들의 신체적, 심리적 노력을 다 기울여야 했기에 그들의 사고는 음식물과 종교에 머물렀다. 공동체 규모가 커지면서 일부 사람들은 고찰하고 토론할 시간이 생겼다. 그들은 열정과 선입견을 줄이고 대신 관찰과 방해를 통해서 어떠한 현상들을 이해하고 예측할 수 있다는 것을 발견했다. 하지만 인구수가 많은 것이 필수적일지 모르나, 그 자체만으로 과학을 발아시키기에는 부족했다. 어떤 제국은 너무

큰 데 비해 그 제국을 하나로 묶어줄 수 있는 융통성 없는 사회적 제재에 도움이 되지 않는다는 이유로 과학에 협조적이지 않는다. 과학은 고유하고 창의적인 생각과 자율성에 대한 장려책이 있는 크고 느슨하게 조직된 경쟁적인 사회가 있어야 초기 양성기와 꽃을 피우는 이후시기를 성공적으로 맞이할 수 있다. 17세기 유럽에서 발생한 상업의 부상과 독단적인 종교에 대한 거절은 과학이 논리를 따라갈 수 있는 환경을 조성해주었다.

04 Exactly how cicadas keep track of time (ㄱ) have [→ has] always intrigued researchers, and it has always been assumed that the insects must rely on an internal clock. Recently, however, one group of scientists working with the 17-year cicada in California (ㄴ) have [→ has] suggested that the nymphs use an external cue and that they can count. For their experiments they took 15-year-old nymphs and moved them to an experimental enclosure. These nymphs should (ㄷ) take [→ have taken] further two years to emerge as adults, but in fact they took just one year. The researchers had made this happen by lengthening the period of daylight to which the peach trees on which roots the insects fed were exposed. By doing this, the trees were "tricked" into flowering twice during the year rather than the usual once. Flowering in trees coincides with a peak in amino acid concentrations in the sap that the insects feed on. So it seems that the cicadas keep track of time by counting the peaks.

(ㄱ) : "how 절"이 주어인데, 절은 개념을 나타내므로 항상 단수이다.
(ㄴ) : "one group"이 주어이므로 단수 취급한다.
(ㄷ) : 해석을 해보면 "그 애벌레들은 성충으로 출현하기 위해서는 2년 더 걸렸어야 했는데, 사실 딱 1년밖에 걸리지 않았다." 이므로 "~했어야 했는데"의 "should have pp"가 정답이다.

어떻게 매미가 시간의 흐름을 인식하는가 하는 주제는 연구자들의 호기심을 불러 일으켰고, 곤충들은 내면의 시계에 의존한다는 식으로 생각되어왔다. 그러나 최근 캘리포니아에서 17년 된 매미를 연구한 한 연구단체는 유충들이 스스로 셀 수 있는 외부적인 신호를 이용한다고 주장했다. 실험을 위해 그들은 15년 된 매미 유충들을 실험을 위해 조성된 환경으로 이동시켰다. 이 유충들은 향후 2년이 지나서야 성충이 되어야 했지만, 그들은 단 1년만 더 걸렸다. 연구자들은 유충들이 영양분을 섭취하던 복숭아나무에 일조량을 자연적인 환경보다 길게 노출시킴으로써 이러한 결과를 낳았다. 이렇게 함으로써 나무들은 자연적으로 1년에 1번 꽃을 피우는 것이 아니라 2번 피우게 되었다. 나무의 꽃이 핌에 따라, 유충이 섭취하는 수액 속 아미노산이 극치에 도달했다. 그렇기 때문에 매미들이 이러한 극치를 외적인 자극으로 삼아 시간의 흐름을 파악하는 것으로 보인다.

05 Research has shown that we automatically assign to good-looking individuals such favorable traits (ㄱ) like [→ as] talent, kindness, honesty, and intelligence. Furthermore, we make these judgements without being aware that physical attractiveness plays a role in the process. Some consequences of this unconscious assumption that "good-looking equals good" (ㄴ) scares [→ scare] me. For example, a study of the 1974 Canadian federal elections found that attractive candidates received more than two and a half times as many votes as unattractive candidates. Despite such evidence of favoritism toward handsome politicians, follow-up research demonstrated that voters did not realize their bias. In fact, 73 percent of Canadian voters (ㄷ) surveying

[→ surveyed] denied in the strongest possible terms that their votes (ㄹ) have [→ had] been influenced by physical appearance; only 14 percent even allowed for the possibility of such influence. Voters can deny the impact of attractiveness on electability all they want, but evidence has continued to confirm its troubling presence.

(ㄱ) : "such"와 어울리는 전치사는 "as"이다.
(ㄴ) : 주어가 "consequences"이므로 본동사는 "scare"가 맞다.
(ㄷ) : "조사된 유권자들"의 의미이므로 수동의 과거분사가 맞다.
(ㄹ) : 앞의 전달동사가 (denied) 과거이므로 그 보다 더 앞선 내용인 "that절" 안의 본동사는 과거완료가 맞다.

연구 결과는 우리가 개인의 준수한 외모를 재능과 친절함, 솔직함과 지능과 같은 긍정적인 특성과 자동적으로 같은 것으로 취급한다는 것을 보여주었다. 게다가 우리는 무의식적으로 그런 판단을 하기 때문에 외적인 호감이 그런 역할을 하는지 깨닫지도 못한다. 이렇게 무의식적으로 준수한 외모가 좋은 것이라는 인식에 따른 몇몇 결과들이 나를 두렵게 한다. 예를 들어 1974년 캐나다 연방 정부 투표 때 외모가 매력적인 후보들이 그렇지 못한 후보들에 비해 2.5배나 더 표를 받은 것으로 나타났다. 이렇게 잘생긴 정치인들을 향한 편애의 증거에도 불구하고 추가적인 연구는 투표자들이 그들의 왜곡을 전혀 깨닫지 못한다는 것을 보여준다. 사실 캐나다 투표자의 73퍼센트가 그들이 외모에 영향을 받았다는 것을 강력하게 부인했고 오직 14퍼센트만이 그랬을 수 있다는 가능성을 인정하는 정도에 그쳤다. 투표자들은 매력이 그들의 투표에 영향을 주는 것을 얼마든지 부정할 수 있지만, 실제로 그렇게 영향을 받는다는 확증은 계속 나오고 있다.

06 A friend of mine was sitting in the Miami airport (ㄱ) read [→ reading] a magazine while she waited to catch a plane to New York. Her attention was distracted by a rough, noisy quarrel (ㄴ) being taken [→ taking] place at the ticket counter. "But I must get to New York today!" an angry lady hotly told the clerk. "I'm sorry, ma'am, but there are no more seats available," came the reply. "But my (ㄷ) eight-years-old [→ eight-year-old] daughter is on that plane. I can't let her fly into New York City all by herself," she cried. "Sorry, lady. The flight is full," came the same answer. My friend had been watching and listening to the woman's woeful story, and her heart was touched with compassion for the (ㄹ) distressing [→ distressed] mother. She walked over to the ticket agent and offered to take a later flight, if it meant the woman could use her ticket to travel to New York with her daughter. The agent welcomed my friend's solution and quickly issued a revalidated ticket to the woman, and then arranged for another (ㅁ) flights [→ flight] for my friend.

(ㄱ) : 본동사가(was sitting) 있으므로 분사로 보아 처리한다. 문맥상 "읽으면서"가 제일 어울린다.
(ㄴ) : "take place"가 "발생하다"의 뜻이므로 수동으로 바꿀 이유가 없다.
(ㄷ) : 하이픈(-)으로 복합명사를 만들 땐 "단위"의 의미이므로 단수 처리한다.
(ㄹ) : "distress"는 "괴롭히다"의 타동사이므로 수동의 의미인 과거분사가 옳다.

내 친구는 마이애미 공항에서 뉴욕 행 비행기편을 기다리면서 잡지를 읽고 있었다. 그녀의 독서는 티켓권 데스크에서 들려오는 크고 시끄러운 다툼 소리에 방해를 받았다. "하지만 전 뉴욕에 오늘 도착해야만 한다구요!" 화가 난 여성이 직원에게 쏘아붙였다. "죄송합니다 고객님, 하지만 가능한 좌석이 없어요."라고 직원이 답했다. "하지만 제 8살짜리 딸이 비행기에 있다구요! 그 앨 혼자 뉴욕에 가게 둘 순 없어요." 그녀는 울었다. "죄송합니다. 고객님 비행기편이 꽉 차셨어요."라는 같은 대답이 돌아올 뿐이었다. 내 친구는 그 여성의 끔찍한 이야기를 보고 듣다가 스트레스를 받고 있는 그 엄마에게 측은한 마음이 들었다. 그녀는 티켓발권데스크에 걸어가서 승

무원에게 자기 표를 그 여성이 사용해서 그녀의 딸과 함께 뉴욕에 갈 수 있게 해주겠다고 하면서 자신은 그 다음 시간대 비행기편을 이용하겠다고 제안했다. 승무원은 내 친구의 해결 방안을 반기면서 그 여성에게 비행기표를 재발행해주었고, 내 친구를 위해서는 다른 비행기편을 예약해주었다.

07 Here is an uncomfortable math problem: By 2045 Earth's population will (ㄱ) like [→ likely] have swelled from seven to nine billion people. To fill all those stomachs — while (ㄴ) account [→ accounting] for shifting consumption patterns, climate change, and a finite amount of farmland and drinkable water ---some experts say global food production will have to double. How can we make the numbers add up? Julian Cribb, author of The Coming Famine, says higher yielding crop varieties and more efficient farming methods will be crucial. So (ㄷ) does [→ will] waste reduction. Cribb and other experts urge cities to reclaim nutrients and water from waste streams and preserve farmland. Poor countries, they say, can improve crop storage and packaging. And rich nations could cut back on resource-intensive foods like meat. In fact, wherever easy access to cheap food means people buy more than they consume, we could all start by shopping smarter — and cleaning our plates.

(ㄱ) : "like"는 "~같이"의 전치사이고 지금은 "필시, 십중팔구"의 뜻을 가진 "likely"가 필요하다. 형용사로 쓰이면 "~할 것 같은"의 뜻이다.
(ㄴ) : 분사구문을 만들고 생략했던 접속사는 (while) 다시 살린 경우이다.
(ㄷ) : 앞에 나온 동사를 대신 받을 때 조동사가 있으면 그 조동사를 이용해서 대신한다.

여기 불편한 수학 문제가 하나 있다. 2045년이 되면 지구상의 인구수는 70에서 90억 명이 될 것이다. 변화하는 섭취 양상과 기후 변화, 그리고 유한한 땅과 식용수를 고려해보았을 때, 그들의 배를 채우려면 국제 음식물 생산이 두 배가 되어야 한다고 일부 전문가들이 말한다. 어떻게 하면 이 수치를 늘릴 수 있을까? The Coming Famine의 작가 Julian Cribb은 생산하는 곡물 종류의 다양성과 보다 효율적인 농사 기법이 필수적이라고 했다. Cribb과 다른 전문가들은 도시들로 하여금 쓰레기 시내에서 영양분과 물을 재활용하고 농경지를 준비해야한다고 했다. 가난한 나라들은 곡물 포장 및 저장기술을 강화할 수 있다고 했다. 부유한 나라들은 그 원천이 제한적인 육류와 같은 음식을 줄일 수 있다고 했다. 사실 값이 싼 음식을 쉽게 접할 수 있다는 것은 사람들이 실제로 섭취하는 것보다 많이 산다는 의미이고, 우리 모두는 현명한 소비를 하고 잔반 없이 깔끔하게 다 먹는 것으로 시작할 수 있다.

08 Not all authors trusted that the theater audience would automatically understand their plays in the intended manner. Thus, they repeatedly attempted to make (ㄱ) this [→ it] clear to their public that visiting the theater was not merely for the purpose of entertainment, but rather to draw lessons from the play (ㄴ) offering [→ offered] onstage. It was, therefore, important for the viewer to create a distance from the actions on the stage so as to facilitate interpretation of the content. This idea was developed by Bertolt Brecht with his 'epic theater,' which used alienation as a strategy to prevent the identification of the public with the figures of the drama. Through scattered narration and commentary throughout the play, for example, the viewers are invited to take a step back from the performance. In this way, they are given hints to better understand the play while the conclusion is left open so as to leave them (ㄷ) draw [→ to draw] their own conclusions.

(ㄱ): 가목적어가(it) 나와야 하는 5형식구문이다.
(ㄴ): 앞에 나온 "연극"을 꾸며주는데 수동의 의미인 과거분사가 정답이다.
(ㄷ): "leave"는 일반 동사이므로 목적보어에 동사원형이 오지 못한다. 사역동사 "let" 이었다면 가능하다.

모든 작가들이 관객들이 자동적으로 그들에게 기대되는 방식의 역할을 수행하는 것을 이해한다고 생각하는 것은 아니다. 때문에 그들은 반복적으로 관객들이 단순히 즐길 목적으로만 오는 것이 아니라 무대 위에서 제공되는 극 내용 속에서 교훈을 찾는 것을 목표로 삼아야 한다는 것을 공연장을 찾아오는 관객들에게 확실하게 주지시키고자 했다. 때문에 극 중 내용을 해석하기 위해서 무대 위에서 벌어지는 행동들로부터 어느 정도 거리를 두는 것이 관객들에게 중요했다. 이렇게 거리를 두는 것으로 관객들과 극 중 인물들의 동일시를 막기 위한 전략으로 심는 이러한 생각은 Bertolt Brecht과 그의 '극적인 극장'에 의해 발전되었다. 예를 들어, 극 내내 발생하는 산발적인 나레이션과 비평을 통해 관객들은 공연에서 한발 짝 떨어져서 보도록 유도된다. 이렇게 함으로써 관객들이 결말은 열려있는 상태에서 스스로 결말을 그려보도록 하기 때문에, 연극을 보다 더 잘 이해할 수 있는 비법들을 받게 되는 것이다.

09 One of the most painful signs of the lack of readiness for the tsunami in the Indian Ocean in 2004 was the enthusiasm of children, who rushed excitedly down to the beach to gather fish during the initial retreat of water. Those ill-fated children had no idea (ㄱ) that [→ what] the sea's strange retreat meant. No one knew because nothing like that had happened in (ㄴ) alive [→ live] memory except for the 1883 tsunami disaster in the Indian Ocean. After the 19th century disaster, experts called for a tsunami warning system in the Indian Ocean similar to the successful one now operating in the Pacific. If such a system had been up and running in the Indian Ocean, many of the thousands of lives lost in places relatively distant from the center of the earthquake (ㄷ) might be [→ might have been] saved.

(ㄱ): 뒤쪽에 목적어가 빠져있어 접속사는 올 수 없다. 관계대명사 that은 가능하지만 앞의 "idea"를 꾸며주는 것으로 해석이 자연스럽지 못하다. 결국 "have no idea"(알지 못한다)와 "what the sea's strange retreat meant"(바다의 이상한 후퇴가 무엇을 의미하는지)가 자연스럽다.
(ㄴ): "alive"는 서술적 용법으로만 사용된다. 직접 꾸며주는 형용사는 "live"가 있다.
(ㄷ): 가정법 과거완료다. 주절의 동사가 "조동사 + have + pp"로 바뀌어야 한다.

2004년 인도양에서 쓰나미에 대한 대응력이 부족했다는 것을 단적으로 보여주는 가장 고통스러운 예시는, 쓰나미가 닥치기 직전에 일시적으로 일어난 썰물 때에 물고기들을 줍겠다고 신이 나서 뛰어가던 아이들의 열정이다. 그 비운의 아이들은 바다의 이상한 썰물이 뜻하는 게 무엇인지 미처 알지 못했다. 그도 그럴 것이 1883년에 인도양에 닥친 쓰나미 재난 이래로 그 같은 일이 살면서 일어난 적이 없었기 때문에 아무도 알 수 없었다. 19세기 재난 이래로 전문가들은 태평양에서 지금도 성공적으로 운영되고 있는 재난 피해 경보 시스템을 필요로 해왔다. 만일 그런 프로그램이 인도양에서도 구축되어있었다면 지진의 중심부로부터 멀리 떨어져있던 수 천 명의 목숨을 구할 수 있었을지도 모른다.

10 The true champion recognizes that excellence often flows most smoothly from simplicity, a fact (ㄱ) can get [→ getting] lost in these high-tech days. I used to train with a world-class runner who was constantly hooking (ㄴ) him [→ himself] up to pulse meters and pace keepers. He spent hours collecting data that he thought would help him improve. In fact, a good 25 percent of his athletic time was devoted to externals other than working out. Sports became so complex for him that he forgot how to enjoy himself. Contrast his approach with (ㄷ) those [→ that] of the late Abebe Bikila, the Ethiopian who won the 1960 Olympic Marathon running barefoot. High-tech clothing and digital watches were not part of his world. Abebe Bikila simply ran. Many times in running, and in other areas of life, less is more.

(ㄱ): 앞의 절과 "a fact"가 동격이다. 그러므로 뒤에 본동사가 나올 수가 없다. 준동사 중에서 가장 적당한 것으로 대체해야 한다.
(ㄴ): "who"가 가리키는 것이 "runner"이고 결국 "him"과 같은 대상이다. 목적어가 주어와 같다면 재귀대명사를 사용해야 한다.
(ㄷ): "approach"를 가리키므로 단수형을 사용해야 한다.

진정한 챔피언은 요즘과 같은 첨단기술 시대에 쉽게 잊혀지는 사실인, 완벽이 종종 단순함에서부터 가장 자연스럽게 흘러나온다는 것을 인식한다. 나는 계속 심장 박동을 세주는 페이스 키퍼를 찾는 세계적인 육상선수를 훈련시키곤 했다. 그는 몇 시간이고 그가 생각하기에 그를 더 증진시켜줄 거 같은 정보들을 긁어모으는데 보냈다. 사실 그의 훈련 시간의 25퍼센트 정도가 훈련 외적인 것에 투자되곤 했다. 그에게 스포츠는 너무 복잡한 것이 되어버렸고 그는 어떻게 즐기는지조차 까먹어버렸다. 그의 태도와 정반대로 1960년의 올림픽 마라톤을 승리한 이디오피아 선수 Abebe Bikila를 비교해보자. 첨단 기술이 들어간 복장과 전자시계는 그의 삶의 일부가 아니었다. Abebe Bikila는 그저 단순하게 달렸다. 육상에서도, 그리고 삶의 다른 부분에서도, 적은 게 도리어 더 나을 때가 있다.

11 It was Mary's thirteenth birthday. It was also her first birthday at her uncle's house. Everyone brought out gifts for Mary: stockings from Elena, a purse from Steve, and a pair of very old silver earrings from Chris, who said she (ㄱ) has [→ had] had them since she was a little girl. Uncle Jack gave a lengthy speech about (ㄴ) what [→ how] Mary was like a daughter to him and to Aunt Barbara. And then, he handed her an envelope (ㄷ) which [→ in which] was tucked a fifty-dollar bill. Mary was to buy herself some new clothes with Aunt Barbara's help and advice. A miracle! So many presents and so much money all at once made her eyes (ㄹ) shone [→ shine]. She wanted to kiss everybody.

(ㄱ): 앞에 기준이 되는 시제가 과거이므로 그 전의 사건은 과거완료가 맞다.
(ㄴ): 눈으로 대충 풀면 "like"와 어울리는 "what"이 들어갈 것 같지만 해석을 꼼꼼히 해보면 "그녀가 얼마나 딸 같은지"가 맞기에 "how"이다.
(ㄷ): 뒤에 이어지는 절이 불완전하게 보이지만 자세히 보면 주어와 동사가 위치가 바뀐 도치임을 알 수 있다. 그러므로 뒤가 완전하기에 "전치사 + 관계대명사"가 맞다.
(ㄹ): 앞의 본동사가 사역동사(made)이므로 목적보어에서 동사원형이 맞다.

Mary의 열 세 번째 생일이었다. 삼촌 집에서의 첫 생일이기도 했다. 다들 Mary를 위한 선물을 가져왔다. Elena는 스타킹을, Steve는 지갑을 Chris는 매우 오래된 은 귀걸이 한 쌍을 가져왔다. Chris가 소녀 시절부터 갖고 있었다고 했다. Jack삼촌은 Mary가 Barbara 이모와 Jack 삼촌에게 딸과 같다는 긴 축사를 했다. 그리고, 그는 Mary에게 50달러가 든 봉투를 주었다. Mary는 Barbara 이모의 조언과 도움을 받아 새로운 옷들을 사고 싶어 했다. 기적 같았다! 이렇게나 많은 선물들과 돈이 한 번에 그녀의 눈앞에서 빛나고 있다니. 그녀는 모두에게 키스하고 싶었다.

12 Discussing gender role differences drops you straight into the heart of what is politically right or wrong. Some people say that even looking for these differences (ㄱ)reveal [→ reveals] a sexist mind that is looking for ways to continue the historical injustice that women have suffered. There is no doubt at all about the reality of the

oppression of women, and the last thing I want is to continue this. Nor do I want to oppress men, (ㄴ) who [→ which] has been the aim of some authors. Questions about gender role differences can still be asked without aiming to oppress (ㄷ) neither [→ either] sex. Sexism, it could be said, occurs when an individual man or woman is judged to be x or y, just by their sex.

(ㄱ) : "looking"이 주어이므로 단수로 취급한다.
(ㄴ) : 해석을 해보면 선행사는 "남자들을 억압하는 것"임을 알 수 있다. 그러므로 which가 정답이다.
(ㄷ) : 전치사 "without"이 있으므로 부정어가 또 나오기는 어렵다. 꼼꼼한 해석을 해보면 "어느 쪽 성도 억압할 의도 없이"가 옳다.

성역할의 차이에 대해 토론하는 것은 당신을 무엇이 정치적으로 옳고 그른지에 대해 생각하게 만든다. 성차별주의자들은 여성들이 고통받아온 역사적 불공정함을 지속시키는 방법들을 찾고 있고, 어떤 이들은 성역할의 차이를 찾는 것만으로도 성차별주의자들의 태도를 밝혀낼 수 있다고 말한다. 여성들이 억압받는 현실에 대해선 일말의 부정할 여지가 없고, 난 이것이 지속되길 원하지 않는다. 또한, 몇몇 저자들의 목표대상이었던 남성들을 억압하는 것 또한 원하지 않는다. 성역할의 차이에 관한 질문들은 어떤 성별도 억압하려는 목적 없이 할 수 있는 것이다. 다시 말해, 성차별주의는 한 남성 혹은 한 여성이 단지 그들의 성별, 즉 X나 Y냐에 따라 판단될 때 발생하는 것이다.

13 (ㄱ) Though [→ Despite] the commonly held notion that dampness makes joint pain worse, medical research has found no relationship between arthritis pain and the weather. High dampness, meaning lots of moisture on the surface of things, and high humidity, meaning a large amount of moisture in the air, are the characteristics that, many people think, cause their arthritis to worsen. But patients do not experience an increase in their symptoms when bathing or swimming, which could be considered a similar environmental situation. High pressure may not be the cause, (ㄴ) too. [→ either.] Patients easily handle the same increase in pressure during flight as would occur during a storm. Common beliefs reveal more about the workings of the mind than (ㄷ) that [→ those] of the body.

(ㄱ) : 뒤에 이어진 부분을 살펴보면 기니까 절로 보이지만 꼼꼼히 보면 "held"는 "notion"을 꾸며주는 분사이고, "that ~"는 동격이므로 결국 본동사가 없다. 그러므로 전치사로 처리해야 한다.
(ㄴ) : 부정문에서 "역시"는 "either"이다.
(ㄷ) : 해석상 "the workings"를 가리키므로 복수 형태로 받아야 한다.

축축하면 관절 통증이 심해진다는, 일반적으로 통용되는 생각들에도 불구하고, 의학연구는 관절염과 날씨 사이에 아무런 연관도 없다는 것을 밝혀냈다. 매우 축축하다는 것은 사물의 표면에 수분이 많다는 것을 뜻하고, 습도가 높다는 것은 대기 중에 많은 양의 수분이 있다는 것을 뜻한다. 많은 사람들은 이 두 가지 특징들이 관절염을 악화시킨다고 생각한다. 하지만 환자들은 비슷한 환경을 가진 상황으로 볼 수 있는 목욕이나 수영을 할 때는 통증의 증가를 경험하지 않는다. 높은 압력 역시 이유가 아닐지 모른다. 환자들은 비행 중에는 폭풍이 부는 날씨 때와 같은 압력의 증가를 쉽게 견딘다. 일상의 믿음들은 신체작용보다는 마음의 작용에 관해 더 많은 것을 밝혀낸다.

14 Traditional consumption was not particularly thrift. The concept of thrift emerged out of a more affluent money culture. In traditional societies where resources continued to be scarce, consumption was more seasonally and communally orientated. In years of bountiful crops people ate heartily, and in lean years they starved. People were not particularly motivated to produce more goods for stockpiling, as there was (ㄱ) a little [→ little] incentive to do so where there was little security from raids. When times were good, celebrations of gluttony were held in the winter season when stocks could not be refilled. These rituals were more important than the potential hardships such celebrations might later bring, as they served to bind people together and distribute resources. Holiday rituals were typically structured around cultural practices such as song, dance, theater, and feasting, and took a great (ㄴ) number [→ amount] of time away from work.

(ㄱ) : 해석을 해보면 "그렇게 해야 할 동기가 거의 없으므로"가 옳다. little로 바꾸어야 한다.
(ㄴ) : "time"이 단수명사이므로 양을 나타내는 "amount"로 표현해야 한다.

전통적인 소비는 딱히 절약하는 것이 아니다. 절약이라는 개념은 더 부유한 문화에서 탄생했다. 지속적으로 자원이 부족했던 전통사회에서는 오히려 더 정기적이고 일반적으로 소비를 지향했다. 수확이 풍부한 해에 사람들은 양껏 먹었고, 흉년에는 굶었다. 사람들은 딱히 저장하기 위해 더 많은 농산물을 생산하고 싶어 하지 않았다. 습격을 막아낼 경비시설은 없었기에 이렇게 행동할 인센티브가 없었다. 창고를 채울 수 없는 겨울에는 적당한 시기에 과식하는 행사들을 열었다. 이러한 의식들은 사람들을 단결케 하고 자원을 분배했기 때문에, 행사가 나중에 가져올 잠재적인 어려움보다도 중요했다. 의식을 행하는 휴일은 일반적으로 노래, 춤, 연극, 잔치와 같은 문화적 관습들에 기반하고 있고, 일과는 많이 동떨어져 있다.

15 Plato and Tolstoy both assume that it can be firmly established that certain works have certain effects. Plato is sure that the representation of (ㄱ) coward [→ cowardly] people makes us cowardly; the only way to prevent this effect is to suppress such representations. Tolstoy is confident that the artist who sincerely expresses feelings of pride will pass those feelings on to us; we can no more escape than we (ㄴ) could not [→ could] escape an infectious disease. In fact, however, the effects of art are neither so certain nor so direct. People vary a great deal both in the intensity of their response to art and in the form which that response takes. Some people may indulge fantasies of violence by watching a film instead of working out those fantasies in real life. Others may be disgusted by even glamorous representations of violence. Still others may be left unmoved, neither attracted nor disgusted.

(ㄱ) : "coward"는 명사이므로 "겁 많은"은 "cowardly"로 표현해야 한다.
(ㄴ) : "no more ~ than" 구문 자체가 "than" 뒤쪽도 부정의 의미가 들어가게 되어 있으므로 not이 들어오면 안 된다.

Plato와 Tolstoy 둘 모두 특정한 작업은 특정한 효과를 가진다고 확고하게 생각한다. Plato는 비겁한 사람의 등장은 우리를 용감하게 만든다고 확신했다. 이것을 막는 유일한 방법은 등장을 막는 것뿐이다. Tolstoy는 예술가가 진심으로 자신감을 표현하면 우리에게 전달된다고 확신했다. 우리는 전염병을 피할 수 없는 것처럼 이것을 피할 수 없다. 하지만 사실 예술의 효과는 그렇게 직접적이지도 확실하지도 않다. 사람들은 예술에 대한 반응 정도와 반응유형에 있어 매우 다양하다. 어떤 이들은 그들의 폭력적인 판타지를 실제 생활에서 수행하는 대신 영화를 보는 것으로 충족한다. 다른 이들은 폭력의 매우 실감나는 재현을 싫어한다. 반면에 다른 이들은 좋아하지도 싫어하지도 않고, 아무런 감흥을 느끼지 못한다.

16 The urbanization of Britain improved the nation's economy in (ㄱ) what [→ that] it moved workers from regions with low-productivity work to factories with high-productivity work. For individuals, however, moving to the city was like a lottery. A few people found themselves better off, but most people were poorer in every way. Living conditions (ㄴ) was [→ were] terrible; disease was spreading quickly. An outbreak of cholera in 1849 killed nearly 13,000 people in London. The tragic conditions pointed out by many critics (ㄷ) to produce [→ produced] measures to clean up the cities.

(ㄱ) : 뒤 부분이 완전한 절이므로 "what"은 들어갈 수 없다. "in that ~" (~라는 점에서)이 정답이다.
(ㄴ) : "conditions"가 주어이므로 복수 취급한다.
(ㄷ) : "pointed"는 앞의 주어 "conditions"를 꾸며주는 분사이므로 뒤에 본동사가 나와야 한다.

영국의 도시화는 노동자들을 생산성이 낮은 지역에서 생산성이 높은 공장으로 옮김으로써 국가경제를 진보시켰다. 하지만, 개인들에게 도시로 이동하는 것은 복권과 같았다. 몇몇 사람들은 형편이 나아졌지만, 대부분의 사람들은 모든 측면에서 더 가난해졌다. 주거환경은 처참했고, 질병은 빠르게 퍼져나갔다. 1849년에 발병한 콜레라는 런던에서 13,000명에 가까운 사람들을 죽였다. 많은 지적을 받은 비극적인 조건들은 도시들을 청결하게 하는 방법들을 생산해냈다.

17 The university catalog can be used to help the freshman who is confused by university life. It is revised every year in order that it will be up-to-date. First of all, there is in this catalog a list of all the courses which are offered by the university. These courses are arranged (ㄱ) alphabetical [→ alphabetically] by each department in order that the student may choose which courses he wants to take. It is also from this list of courses of each department (ㄴ) while [→ that] a degree plan for the student can be devised, which will be within the limits of the regulations of the university.

(ㄱ) : "알파벳순으로 배열되어 ~" 이므로 부사가 정답이다.
(ㄴ) : "It is ~ that 강조 구문"이다.

대학교 안내책자는 대학생활에 혼란스러운 신입생들에게 도움이 될 수 있다. 매년 최신정보로 개정되고, 무엇보다도, 이 책자에는 대학에서 제공하는 모든 과정들이 있다. 이 과정들은 학생이 원하는 것을 선택할 수 있도록 각 분과별 알파벳순으로 정렬돼 있다. 또한 이 과정들의 목록은 대학규정 제한 내에서 학생의 학점 계획에도 도움이 될 것이다.

18 Making your home safe for a toddler requires a careful planning. Every home contains many things that are tempting to small children. Experts have proposed many useful ideas that can safely protect them. Most (ㄱ) important [→ importantly], all medicines and cleaning products should be stored in locked boxes. Kitchen appliances like a gas range, and toaster should have automatic safety devices so children can't turn it on, and drawers in the bathroom and kitchen should have special devices that make it impossible for kids to open them. Also, electrical outlets should be covered with a mechanism whose snaps shut (ㄴ) during [→ while] not in use. Finally, it is a good idea to buy tables and other furniture with round edges to avoid injuries if a toddler falls into them.

(ㄱ) : 문장 전체를 꾸미는 말은 부사이다. "가장 중요하게"
(ㄴ) : 원래 형태는 "while they are not in use"에서 "주어 + be"가 생략된 형태이다.

유아들을 위해 집을 안전하게 만드는 것은 세심한 계획이 필요하다. 모든 집에는 작은 아이들을 유혹하는 것들이 많다. 전문가들은 그들을 안전하게 보호할 수 있는 여러 가지 유용한 방법들을 제안했다. 가장 중요한 것은, 모든 약들과 세정용품들을 잠근 상자에 보관하는 것이다. 가스레인지, 토스트기와 같은 주방기구들은 아이들이 켤 수 없도록 자동안전장치가 있어야 한다. 욕실과 주방의 서랍들은 아이들이 열 수 없도록 특수장치가 있어야 한다. 또한, 전기 콘센트는 사용하지 않을 때 장치로 가려져야 한다. 마지막으로, 아이들이 넘어졌을 때 부상을 피할 수 있는 둥근 모서리의 테이블과 가구를 사는 것이 좋다.

19 A sociologist tells of a case of Arab villagers who refused to let outsiders clean up a water hole contaminated with typhoid and (ㄱ) installed [→ install] a pump. The reader may wonder what there was about having a nice clean water supply that violated the formal norms of Arab villagers. (ㄴ) Strangely [→ Strange] as it seems to us, Arab villagers like the water they drink. It has a strong taste which it gets from the camels. They think the water they drink to be almost sacred. If the men of a given village are strong or brave or fertile or smart, it is because of the water they drink. In some parts of the Arab world it is considered (ㄷ) unman [→ unmanly] to drink clean water. The villagers saw no relationship]between the disease making some of them sick and the water that made their men strong.

(ㄱ) : 병렬구조는 철저하게 해석이다. "clean 과 install"이 병렬이다.
(ㄴ) : "보어 + as + 주어 + 동사"의 순서로 "비록 주어가 보어에도 불구하고"의 의미를 갖는다. 보어로 사용되려면 형용사가 옳다.
(ㄷ) : "남자답지 못한" 이 필요하므로 형용사 "unmanly"가 정답이다.

사회학자는 외부인들이 장티푸스균으로 오염된 물웅덩이들을 깨끗하게 하고 양수기를 설치하는 것을 거부한 아랍인들의 사례를 얘기한다. 독자는 깨끗한 물을 공급하는 것이 아랍인들의 규정들을 어긴 것이 있는지 궁금할 것이다. 하지만 우리에게는 낯설게도, 아랍인들은 그들이 마시는 물을 좋아한다. 그들에게는 낙타로부터 얻는 물을 매우 선호한다. 그들은 그들이 마시는 물이 대부분 신성하다고 생각한다. 만약 주민들 가운데 강하고, 용맹하고, 풍족하거나 혹은 똑똑하면 그들이 마신 물 때문인 것이다. 일부 아랍세계에서는 깨끗한 물을 마시는 것을 남자답지 못하게 여긴다. 주민들은 그들을 아프게 하는 질병과 그들을 강하게 만드는 물 사이에 아무런 연관도 없다고 본다.

20 In regard to firewalking, people have speculated that there are supernatural powers over pain and heat, or mysterious brain chemicals (ㄱ) what [→ that (which)] prevent burning and pain. In fact, as long as you don't stand around on the coals, you will not get burned. Think of a cake in a 230℃ oven. The air, the cake and the pan are all at 230℃, but only the metal pan will burn your hand. Air has very low heat capacity and also low conductivity, so you can put your hand in the oven enough long to touch the cake. The heat capacity of the cake is a lot higher than (ㄴ) air [→ that of air], but since it has low conductivity you can briefly touch it without getting burned. The metal pan has a heat capacity (ㄷ)

similarly [→ similar] to the cake, but high conductivity. If
you touch it, you will get burned.

(ㄱ) : 꾸밈을 받는 선행사가(chemicals) 있으므로 "what"은 부적절하다.
(ㄴ) : 비교대상을 정확히 해야 한다. 앞에 "케이크의 열 수용력"이므로 뒤에도 "공기의
      열 수용력"으로 균형을 이루어야 한다.
(ㄷ) : "capacity"을 꾸며주는 형용사가 필요하다.

사람들은 불 속 걷기에 관해서 고통과 열을 넘어서는 초자연적인 힘이 있
거나 화상을 막아내는 미지의 뇌 속 화학물질이 있다고 생각한다. 하지만
사실, 석탄 위에 우두커니 서있지 않는 한 화상을 입지 않는다. 230도의
오븐 안에 있는 케이크를 생각해보자. 공기, 케이크, 그리고 냄비는 셋 다
230도지만, 철로 된 냄비만이 당신의 손에 화상을 입힐 것이다. 공기는 매
우 낮은 열용량과 낮은 전도율을 갖고 있고, 오븐 속 케이크를 만질 수 있
을 만큼의 시간동안 손을 넣을 수 있다. 케이크의 열용량은 공기보다 훨씬
높지만, 열전도율이 낮기 때문에 화상 없이도 잠시 만질 수 있다. 철로 된
냄비는 케이크와 비슷한 열용량을 가졌지만, 열전도율도 높다. 냄비를 만
진다면, 화상을 입을 것이다.